JORNALISMO FREELANCE
empreendedorismo na comunicação

Dados Internacionais de Catalogação na Publicação (CIP)
(Câmara Brasileira do Livro, SP, Brasil)

Rainho, João Marcos
  Jornalismo freelance : empreendedorismo na
comunicação / João Marcos Rainho. São Paulo: Summus, 2008.

  Bibliografia
  ISBN 978-85-323-0466-7

  1. Empreendedorismo 2. Comunicação 3. Jornalismo como
profissão 4. Jornalistas – Orientações I. Título

07-8765   CDD-079.023

Índice para catálogo sistemático:

  1. Jornalismo freelance   079.023

Compre em lugar de fotocopiar.
Cada real que você dá por um livro recompensa seus autores
e os convida a produzir mais sobre o tema;
incentiva seus editores a encomendar, traduzir e publicar
outras obras sobre o assunto;
e paga aos livreiros por estocar e levar até você livros
para a sua informação e o seu entretenimento.
Cada real que você dá pela fotocópia não autorizada de um livro
financia o crime
e ajuda a matar a produção intelectual de seu país.

JOÃO MARCOS RAINHO

JORNALISMO FREELANCE
empreendedorismo na comunicação

JORNALISMO FREELANCE
empreendedorismo na comunicação
Copyright © 2008 by João Marcos Rainho
Direitos desta edição reservados por Summus Editorial

Editora executiva: **Soraia Bini Cury**
Assistentes editoriais: **Bibiana Leme e Martha Lopes**
Capa: **Alberto Mateus**
Projeto gráfico e diagramação: **Crayon Editorial**
Impressão: **Sumago Gráfica Editorial Ltda.**

Summus Editorial
Departamento editorial:
Rua Itapicuru, 613 – 7º andar
05006-000 – São Paulo – SP
Fone: (11) 3872-3322
Fax: (11) 3872-7476
http://www.summus.com.br
e-mail: summus@summus.com.br

Atendimento ao consumidor:
Summus Editorial
Fone: (11) 3865-9890

Vendas por atacado:
Fone: (11) 3873-8638
Fax: (11) 3873-7085
e-mail: vendas@summus.com.br
Impresso no Brasil

*Aos mestres Marcos Faerman
e Rodrigo Frank, companheiros de jornadas free*

"Aos que ousam avançar por onde os anjos temem passar."
Melvin De Fleur
Universidade de Kentucky

"O homem sensato adapta-se ao mundo;
o insensato persiste tentando adaptar o mundo a si próprio."
George Bernard Shaw

AGRADECIMENTOS

A atividade freelance permite transitar por diversas organizações e conhecer inúmeros jornalistas nos mais diferentes estágios profissionais, além de empresários de diferentes setores da economia. São aprendizados extremamente ricos, pois é na prática que se formam os freelancers. Essa foi minha escola empreendedora, dividida em passagens na área editorial e corporativa. Portanto, devo agradecer aos colegas, parceiros e principalmente aos clientes que valorizam e viabilizam a atividade autônoma. Em especial, à equipe do Comunique-se, instituição que viabilizou o curso pioneiro de jornalismo freelance presencial e on-line; à Editora Segmento, uma das empresas de comunicação segmentadas que mais valoriza (e contrata) o trabalho freelance; e ao saudoso jornalista Marcos Faerman, ícone do novo jornalismo brasileiro, que se dedicou intensamente à atividade freelance em seus últimos anos de vida, além de ter investido coração e mente num projeto de vanguarda, na Faculdade Cásper Líbero, para a formação de novos jornalistas com alta qualidade de texto, senso investigativo, ética e percepção social e política. A maioria desses alunos são hoje bem-sucedidos freelancers.

É fundamental reconhecer o esforço do Sebrae em difundir no Brasil o empreendedorismo, viabilizando novos negócios e fortalecendo pequenos e médios empresários, que são os maiores empregadores do país e a verdadeira alavanca de nossa economia. Tenho aprendido muito com esses empreendedores atuando como facilitador de cursos de marketing, vendas e planejamento estratégico para o Sebrae-SP.

Agradeço também, em nome dos jornalistas independentes, a todas as assessorias de comunicação que valorizam a cobertura free-lance, abrindo as portas de coletivas de imprensa para a categoria.

Parabenizo, ainda, o esforço dos freelancers associados à Agencia Publisher de Notícias (www.agenciapublisher.com) que estão trabalhando para a formação de uma rede nacional e internacional de jornalistas autônomos, além de gerir conhecimento sistematizado a respeito da área.

Nem tudo são flores no universo free. Batemos em inúmeras portas e convivemos com personalidades diversas. Bons e maus empresários. Editores de boa e má-fé. Assessores éticos e outros nem tanto. Colegas leais e desleais. Alguns desentendimentos surgem na jornada. Não posso dizer que seja natural – ou melhor, não deveria ser. O mundo não é perfeito, nem os jornalistas são deuses da virtude. Devo repetir que todos os encontros foram ricos em experiências e ajudaram a aperfeiçoar minha atividade.

Espero que o presente trabalho seja o ponto de partida para outros estudos mais aprofundados e com rigor acadêmico a respeito do jornalismo freelance. Colocamos à disposição dos futuros pesquisadores farto material e agenda de contatos.

Sumário

Introdução
Pauta do livro   13

1 Empregos fixos × freelance
Quem mexeu no nosso queijo?   17

2 Empreendedorismo
A era das carreiras acabou: os sobreviventes serão orientados por projetos   23

3 Terceirização
Quando o trabalho não é emprego   33

4 Profissional liberal ou empresário?
O seu cartão de visitas   44

5 Aspectos legais
Prevenir ainda é melhor que remediar   47

6 Contratos
"Só assinando contrato" (comunidade do Orkut)   51

7 Direitos autorais e plágio
Respeito à propriedade alheia   53

8 Estrutura física
Clientes primeiro, escritório depois 55

9 Planejamento estratégico
Coloque as idéias no papel e faça as contas 61

10 Prospectando trabalho
Vender, vender e vender. Também é a regra em serviços 65

11 Gerenciamento
É aqui que o bicho pega 77

12 Produção editorial
Fazer sem chefe é outro negócio 83

13 Produção/assessoria
Fazer sem chefe continua sendo outro negócio 86

14 Formatação de preço
Lucro é o resultado de receita menos despesas: tem de sobrar algum 88

15 Marketing de serviços
A arte de adequar nosso talento às necessidades do cliente 90

16 Ética
Sim, é preciso falar nisso 103

Conclusão
Este é o fim ou o começo? 106

Anexos *111*

Bibliografia *119*

INTRODUÇÃO

Pauta do livro

As mudanças no mercado de trabalho nos últimos anos transformaram as redações das empresas jornalísticas e assessorias no Brasil. A informatização e os novos processos de racionalização e redução de custos limitaram o crescimento dos postos de empregos fixos – apesar do aumento do número de veículos impressos, televisivos e agências de comunicação. Paralelamente a esse processo, cresceu a prestação de serviços freelance para atender às novas configurações das redações. Quando não está a serviço da precarização do trabalho, o freelance representa uma atividade regular positiva e empreendedora.

Discutir a evolução do trabalho freelance, suas oportunidades e riscos é o tema deste livro, que traz dicas e discute conceitos e estratégias. Existem inúmeras possibilidades de trabalho independente e empreendedor para os jornalistas: reportagem e redação para jornais diários e semanais, revistas semanais, mensais e segmentadas, publicações empresariais, TVs, rádios, internet e assessorias de imprensa. Podemos incluir ainda produção de relatórios, pesquisas, reportagens fotográficas, editoração, revisão, docência em cursos regulares de jornalismo, cursos de extensão ou pós-graduação e produção de livros (*ghost writer*). Alguns jornalistas se aventuram no cinema (direção e roteiro), teatro e eventos culturais. Outros aproveitam o conhecimento em alguma editoria especializada, em determinado setor econômico ou órgão público para oferecer consultoria.

Na era da informação, a capacidade de garimpar dados, pesquisar e abrir portas oferece ao jornalista inúmeras oportunidades de atuação independente.

Abordaremos, portanto, o percurso desde a prospecção de empresas-clientes (conhecimento de mercado, maneiras mais eficientes de aproximação) até o fechamento de um contrato e a entrega do produto final. Além disso, discutiremos os desafios do trabalho em casa (*home office*) ou em escritórios autônomos. Incluímos um capítulo sobre marketing, cujo conhecimento e aplicação de suas técnicas ajudam na prospecção de mercado.

Mostraremos como funciona o dia-a-dia do trabalho dos diferentes "tipos" de jornalista free: o profissional contratado, que faz bico em outro meio de comunicação, o desempregado que também presta serviços enquanto aguarda uma posição fixa, os recém-formados e estudantes em busca de reconhecimento e os autônomos, microempresários e freelancers profissionais.

Todos disputam o mesmo nicho de mercado, cada um na sua especificidade. O que eles têm em comum é o trabalho solitário, individual, autoral. O isolamento do trabalhador freelancer prejudica, de certa forma, a troca de experiências com seus pares. Os desafios e problemas rotineiros são comuns e o intercâmbio de informações poderia ser útil para queimar etapas, principalmente para os iniciantes. Ainda não existe no Brasil uma associação de jornalistas freelancers com representatividade. Os sindicatos de jornalistas já aceitam em seus quadros profissionais autônomos; porém, algumas entidades estaduais costumam ignorar as necessidades dos frilas ou das PJs (pessoas jurídicas), como costumam chamá-los – com certo ranço preconceituoso.

Como as condições de trabalho do jornalista estão mudando, especialmente com a ampliação da prestação de serviços, os sindicatos começam a se adaptar a essa nova "categoria". Mas é necessário separar o frila profissional do frila precário (como o freelance fixo, por exemplo, uma aberração profissional e jurídica) para entendermos melhor esse mercado e impedir que a evolução (positiva) nas relações do trabalho e a flexibilização na legislação trabalhista sejam entendidas como uma brecha para a perigosa desregulamentação profissional. E, por conseqüência, a perda de direitos históricos do jornalista, a queda na qualidade do serviço e a banalização do mercado.

Não é esse tipo de mercado que tratamos neste livro. A terceirização pode ser uma experiência positiva para ambas as partes – empresas e jornalistas – quando obedece a critérios que levem em conta o aperfeiçoamento da qualidade editorial. O excesso de impostos e a burocracia da legislação trabalhista, muitas vezes injusta para o empresariado, é um fato que deveria ser debatido e modificado no âmbito do estado de direito, e não da desobediência civil.

O freelancer tem suas peculiaridades, diferindo do trabalho dos profissionais fixos, apesar de o produto final ser o mesmo. A autonomia traz novas perspectivas de abordagem e maiores exigências. O free, por exemplo, muitas vezes faz o trabalho mais "pesado" de reportagem, em comparação com as demais pautas desenvolvidas internamente. Por outro lado, a busca constante de novos temas que não tenham sido pensados dentro das redações transforma o jornalista freelancer numa espécie de garimpeiro de notícias. Seu faro jornalístico deve sempre estar apurado para descobrir fatos que possam gerar matérias – e, assim, demanda de trabalho. Essa postura proativa, de correr atrás da informação antes mesmo de seu veículo-cliente, faz parte do perfil empreendedor.

Uma última observação nesta parte introdutória é ressaltar que existem duas possibilidades empreendedoras no jornalismo free que muitas vezes ocorrem simultaneamente. A primeira é a típica prestação de serviços a determinada empresa de forma autônoma. A segunda, a atividade freelance como empreendedorismo direto – quando o profissional cria seus próprios veículos de comunicação, abre uma assessoria ou produz algum tipo de produto ou trabalho independente.

Desejamos que este livro ajude os colegas que querem iniciar um trabalho próprio na condição de freelancer. Os recém-formados devem estudar o assunto sem falsos ufanismos. E aos veteranos no ramo, esperamos que encarem este livro como uma oportunidade de reflexão. Vamos fazer uma pausa em nossas pautas e em nossos textos que devem ser entregues hoje. Respiremos um pouco. Desliguemos os telefones celulares, os computadores e, juntos, vamos repensar nossa profissão.

1

EMPREGOS FIXOS × FREELANCE
Quem mexeu no nosso queijo?

Na obra *Quem mexeu no meu queijo?* (2000), do norte-americano Spencer Johnson, dois homens e dois ratos estão dentro de um labirinto procurando comida (queijo) diariamente. Às vezes encontram facilmente. Em outras ocasiões, precisam sair à procura de estoque. Eles não sabem *como* os queijos aparecem e desaparecem em determinados momentos. Quando existe queijo, comem. Quando acaba... Bem, aí começa a diferença entre homens e ratos. Na metáfora de Johnson, os ratos são mais bem-sucedidos porque não perdem tempo raciocinando e se mortificando em lamúrias. Os roedores começam a procurar mais queijo em outro lugar imediatamente após o fim do último pedaço. Os homens, entretanto, ficam perdendo tempo se lamentando, lembrando os bons tempos da mesa farta, procurando o inimigo invisível que mudou o queijo de lugar.

Esse dilema passa pela cabeça de muitos jornalistas quando perdem o emprego nas redações ou em assessorias. Não imaginam outras possibilidades, como o trabalho autônomo, a não ser quando a água chega ao pescoço e se vêem praticamente jogados no mercado free. Essa não é a situação ideal, e no capítulo 2 discutiremos melhor as diferenças do empreendedor por necessidade e por vocação.

A atividade autônoma, freelance, é a que mais cresce na área do jornalismo. Inúmeros fatores podem ser atribuídos a essa tendência. O principal, infelizmente, está ligado à precarização do trabalho, fenômeno que atinge todas as categorias profissionais nesta era de globalização canibal, competitividade acirrada, desregulamentação da economia e das relações trabalhistas. O enxugamento das equipes internas nas empresas de todos os segmentos, por um lado, aumenta o número de desempregados e subempregados, mas também gera necessidade de equipes de apoio freelance. Ou seja, menos emprego e mais trabalho independente. Isso não significa necessariamente uma "oportunidade empreendedora", como discutiremos a seguir.

Fazer mais com cada vez menos gente formalmente empregada parece ser o lema da versão *downsizing* brasileira e de uma espécie de reengenharia às avessas, pois o simples corte de postos de trabalho não eliminou a necessidade de executar as funções editoriais com o mesmo número de pessoas. Uma parte dos atores, os trabalhadores da informação, no nosso caso, apenas mudou de lado do balcão: saíram das redações ou assessorias para um escritório próprio, uma residência ou os dois ambientes funcionando no mesmo lugar.

Esse movimento não trouxe apenas aspectos negativos. Se por um lado impediu o crescimento de empregos com carteira assinada, por outro ampliou o número de profissionais prestando serviços – alguns deles com remuneração superior ao cargo equivalente nas empresas e maior liberdade de horários para lazer e cultura.

Não estamos falando do free fixo, que em nossa opinião, repetimos, é uma aberração jurídica e profissional. Defendemos a atividade freelance como legítima manifestação empreendedora e sem nenhum disfarce que a deturpe; não se deve confundi-la com a antiga e ilegal fórmula de trabalhar em regime fixo sem carteira assinada. O freelancer não pode competir profissional e legalmente com o trabalhador com carteira assinada em termos de jornada de trabalho. São mundos diferentes. A precarização no ambiente de trabalho fixo prejudica o freelancer, que começará a ser confundido com o trabalhador precário.

Alguns contratos freelance podem incluir a exclusividade – por algum período específico e breve –, mas isso deve ser analisado com cautela. O ideal é que o serviço seja vantajoso para ambas as partes: quem contrata e quem é contratado. Qualquer desnível nessa balança compromete a qualidade do trabalho e a carreira do jornalista.

A modalidade autônoma também oferece oportunidades de crescimento profissional. Na verdade, há muita gente ganhando mais dinheiro e cumprindo uma carga horária menor, sem vínculo empregatício, em comparação com o profissional contratado. As facilidades da tecnologia, como a internet e a telefonia celular, criaram o ambiente físico propício à disseminação do trabalho freelance. Mas cuidado: freelance não é uma panacéia. Nem todo profissional se adapta a esse regime, e existem muitas situações em que é melhor (em termos de salário e de jornada de trabalho) trabalhar em regime fixo do que free. Vejamos como e quando isso ocorre.

FORMAS DE TRABALHO FREELANCE

EMPREGADO FREELANCER

É o caso do profissional que atua (fixo) em uma empresa como jornalista e presta serviços a outra companhia. Com o achatamento salarial dos últimos anos, é uma opção cada vez mais comum. Costuma utilizar os recursos de seu empregador (computador, arquivos, internet, telefone, fax) para o seu bico. Assim, reduz consideravelmente os custos de produção. Alguns empregados aproveitam alguma matéria já realizada para sua empresa-patrão e reescrevem-na para outro veículo. Muitas publicações segmentadas e técnicas se utilizam desse profissional devido à sua notória especialização – quando é responsável por alguma editoria específica, por exemplo. O jornalista de veículo de imprensa também pode prestar serviço a uma empresa do setor que cobre em sua editoria; esta, porém, é uma conduta considerada antiética. Diversas empresas exigem exclusividade de seus profissionais para evitar a "revenda" de seu equipamento ou de seu tempo contratado, decisão difícil de ver cumprida na prática. Assim, a empresa-patrão banca indiretamente boa parte dos custos da matéria frila, desde os custos fixos já citados até os impostos. Quando o cliente exige nota fiscal, o empregado freelancer dispõe de duas alternativas: pedir uma nota fiscal a um colega ou abrir uma pequena empresa se for colaborador habitual.

VANTAGEM: não há custos fixos.

DESVANTAGEM: pouca flexibilidade de tempo e de deslocamento; dificuldade no cumprimento de prazos.

ESTUDANTE OU RECÉM-FORMADO FREELANCER

A atividade freelance pode ser uma alternativa para o estudante ou recém-formado entrar no mercado de trabalho. Entretanto, a falta de experiência e de conhecimento de mercado dificulta essa trajetória. Por outro lado, já existe em São Paulo um verdadeiro mercado de estagiários freelancer. Ou melhor, um falso mercado free. Trata-se de estágio precário. Os mais persistentes conseguem colocação fixa.

VANTAGEM: oportunidade para entrar no mercado.

DESVANTAGEM: inexperiência e falta de contatos.

DESEMPREGADO FREELANCER

Todo jornalista desempregado se transforma automaticamente em um freelancer potencial. Pode começar prestando serviços eventuais a seu antigo empregador – uma forcinha de seus ex-colegas de trabalho. Três caminhos surgem: arrumar um emprego nesse meio-tempo (pode ser até em uma empresa em que prestou serviços); profissionalizar-se como freelance graças às várias oportunidades abertas; ou continuar desempregado e mudar de ramo (para o jornalista, esta última possibilidade está se tornando muito comum nos últimos anos!).

VANTAGEM: oportunidade de manter renda e se manter no mercado.

DESVANTAGEM: dificuldades em oficializar o trabalho fornecendo nota fiscal; desvio de atenção e tempo para procurar emprego se o free não for sua verdadeira vocação.

FREELANCER PROFISSIONAL

É aquele que tomou a decisão de continuar carreira como prestador de serviços. Empreendedor por *opção* própria ou por *pressão* de mercado. Poucos trocam por *vocação* seu emprego fixo pela aventura autônoma. Normalmente, o jornalista é "jogado" nessa situação por pressão do mercado. Nessa condição, ele pode continuar atuando de maneira informal, sem abrir empresa (hoje alternativa difícil pela exigência generalizada de nota fiscal); "pedir emprestada" a nota fiscal de terceiros; registrar-se como autônomo na prefeitura e fornecer recibo de pagamento a autônomo (RPA) ao cliente, pagando menos imposto que uma NF, o que é cada vez menos aceito; ou abrir uma empresa. Caso queira se manter profissionalmente no ramo, terá de abrir uma empresa formalmente.

VANTAGEM: mercado promissor, liberdade de horários.

DESVANTAGEM: risco de se endividar com as flutuações do mercado.

SÃO CONCORRENTES?

Essas categorias freelance concorrem entre si? De certa forma. Quem é empregado fixo e presta serviços freelance normalmente não possui tantas pressões financeiras e pode até fechar acordos com preços inferiores ao mercado. Mas, na prática, esses profissionais não são concorrentes. Cada categoria de frila tem seu nicho de mercado próprio, seus contatos, fruto dos conhecimentos e prospecções de cada indivíduo. O mercado ainda é muito grande e, mesmo quando está saturado, novas oportunidades em determinados veículos ou regiões podem aparecer com o passar do tempo.

Por diversos motivos, muitos freelancers desistem da atividade ao longo dos meses e anos – principalmente o recém-formado, o desempregado e o empregado fixo –, abrindo espaço para novos frilas, profissionais ou não.

Evidentemente existe certo nível de concorrência. Mas o principal problema são os momentos de saturação no mercado, como em períodos de grandes demissões em redações. Isso aumenta o número de frilas disponíveis em veículos de imprensa e assessorias e acaba achatando o preço dos serviços.

2
EMPREENDEDORISMO
A era das carreiras acabou:
os sobreviventes serão orientados por projetos

Antes de avançarmos no tema freelance, vale a pena conhecer o contexto do trabalho independente – a questão do empreendedorismo, em moda atualmente. O empreendedor é um indivíduo que gera riqueza por meio de seus conhecimentos e esforços. Transforma conhecimento em produtos e serviços. Pode ser um conhecimento prévio ou uma inovação que fez, do ponto de vista do marketing ou da produção.

Apesar do modismo desta era da terceirização, o empreendedorismo é um conceito que já existe há muito tempo. Seu significado, atualmente, aproxima-se do descrito pelo economista Joseph Schumpeter em 1934, na obra T*eoria do desenvolvimento econômico*, quando designou o empreendedor como um profissional que utiliza sua criatividade e faz sucesso com alguma inovação. Outros autores contribuíram para ampliar o tema. Em 1970, Peter Drucker, um dos papas da administração, introduziu o conceito de *risco* do negócio na definição do negócio empreendedor. Recentemente, a moda do empreendedor chegou às organizações como um atributo desejável para o funcionário. Uma questão polêmica, pois o empreendedor *lato sensu* desenvolve um negócio próprio e, portanto, não parece ser um atributo de um empregado. De qualquer forma, diversas revistas já publicaram matérias com grande destaque a respeito do tema.

No Brasil e no exterior alguns autores e consultores já estudam e ensinam o conceito, como Alexandre Ribas (www.alexandreribas.com.br), Fernando Dolabela (www.dolabela.com.br), Tom Coelho (www.tomcoelho.com.br), Getúlio Pinto de Sampaio (autor do livro *Teoria do sucesso – Empreendedorismo e felicidade*), José Dornelas, um dos pioneiros do tema empreendedorismo no Brasil (autor do livro *Empreendedorismo – Transformando idéias em negócios*, ver também www.josedornelas.com, www.empreende.com.br e www.starta.com.br), Robert Hisrich e Michael Peters (autores do livro *Empreendedorismo*, primeiro livro-texto sobre empreendedorismo publicado no Brasil), Victor Mirshawka (autor do livro *Empreender é a solução*), entre outros.[1]

Algumas definições:

■ "O empreendedor é uma pessoa que imagina, desenvolve e realiza visões."
Louis Jacques Fillion[2]

■ "Empreendedor é alguém capaz de identificar, agarrar e aproveitar oportunidade, buscando e gerenciando recursos para transformar a oportunidade em negócio de sucesso."
Jeffry Timmons[3]

■ "É aquele que faz acontecer, se antecipa aos fatos e tem uma visão futura da organização."
José Dornelas[4]

O termo "empreendedorismo" vem sendo usado e abusado para justificar o trabalho precário, como saída para o desemprego, inserção do jovem no mercado e afins. Existe hoje um verdadeiro mercado de livros de auto-ajuda, cursos e consultorias nessa área. Não abriremos aqui um debate sobre usos e maus

---

1 A lista completa de obras sobre empreendedorismo sugeridas pelo autor encontra-se na bibliografia deste livro.

2 Louis Jacques Fillion é professor de empreendedorismo da HEC Montreal Business School, do Canadá.

3 Jeffry Timmons, um dos pioneiros no movimento pró-empreendedorismo, é professor do Babson College, a principal faculdade dedicada ao empreendedorismo nos EUA.

4 José Dornelas é professor de empreendedorismo em cursos de MBA na Universidade de São Paulo (USP) e Ibmec-SP e autor de vários livros.

usos do conceito. Quem desejar se aprofundar no assunto e tirar benefícios de estudos sérios a esse respeito deve pesquisar e separar o joio do trigo.

Vamos falar do lado sério do empreendedorismo. Como busca da auto-realização pessoal e profissional, o empreendedorismo é uma via que hoje encontra apoio em diversas instituições, principalmente as voltadas aos pequenos negócios, como Sebrae (www.sebrae.org.br) e Endeavor (www.endeavor.org.br), entre outras. Transformou-se em programa de extensão, pós ou conteúdo de graduação em faculdades e universidades, como o Instituto de Estudos Avançados (IEA), a Fundação Getulio Vargas (FGV), a Universidade de Brasília (UnB), para ficar em algumas.

Cuidado com as histórias de sucesso. É fácil encontrarmos material de quem se deu bem como empreendedor. Dificilmente encontramos fontes relatando os casos de insucesso, que são muitos. Aprender com os erros – seus e dos outros – ajuda na carreira empreendedora.

Segundo estudo realizado em 37 países pelo Global Entrepreneurship Monitor, o Brasil é considerado o país mais empreendedor do mundo, sendo o brasileiro, portanto, um empreendedor nato. Nosso país é também um dos recordistas mundiais de desemprego, fato que devemos levar em consideração para examinar a questão do trabalho independente também do ponto de vista da necessidade do indivíduo em encontrar alguma ocupação. De fato, a seção brasileira da pesquisa Global Entrepreneurship Monitor, realizada pelo Instituto Brasileiro da Qualidade e Produtividade no Paraná (IBQP-PR), constatou que, proporcionalmente, o Brasil tem a maior parcela da população adulta que resolveu abrir um negócio próprio por falta de iniciativa. Em outras palavras, é o país onde mais gente se torna empreendedor por necessidade – por falta de opção, por falta de alternativa, para fugir do desemprego ou da falta de ocupação e renda. O levantamento foi feito com empresas com até três anos e meio de existência. Quando perguntados por que decidiram abrir um empreendimento, 55,4% dos empresários citaram a dificuldade de encontrar trabalho.

Porém, os altos índices de mortalidade das Pequenas e Médias Empresas – as PMEs – no Brasil revelam o lado negativo do empreendedorismo: segundo o Sebrae, 56% dessas empresas fecham as portas até o terceiro ano de vida e 71% fecham até o quinto.[5] Conclui-se que sete em cada vinte empresas não conseguem chegar ao sexto ano de vida. Entre as principais razões, destaca-se a falta de preparação do empreendedor para gerenciar com eficiência a sua empresa, além de insuficiência de capital e dificuldades pessoais do candidato a empresário. Na opinião dos entrevistados, o fechamento da empresa ocorreu por falta de clientes (30%), problemas particulares (19%), falta de capital/crédito (18%), inadimplência dos clientes (13%) e concorrência (8%). A falta de um planejamento ou plano de negócios anterior à abertura da empresa parece ser determinante para o fracasso.

A Federação das Indústrias do Estado de São Paulo (Fiesp) também pesquisou as características de sucesso das empresas. Chegou-se à conclusão de que o planejamento de negócios simplesmente inverte o índice de mortalidade: 75% das empresas planejadas sobrevivem no mercado, contra 25% das que não fazem plano de negócios. O plano de negócios inclui o plano estratégico, o plano de marketing e o plano financeiro.

No caso brasileiro, portanto, o empreendedor é do tipo **por necessidade** – aquele que se viu obrigado a abrir um negócio por falta de opção de emprego. Esse empreendedorismo, fruto do desespero e da desarticulação da economia, resulta em decisões erradas e precipitações. É o caso do empregado que perde sua colocação e aplica a indenização e o Fundo de Garantia num negócio próprio, sem fazer muita pesquisa a respeito do merca-

---

5 Veja pesquisa do Sebrae-SP <www.sebraesp.com.br> em parceria com a Fipe: Estudo da Mortalidade das Empresas Paulistas, divulgado em dezembro de 1999.

do e de seus conhecimentos. O empreendedor **por vocação** teoricamente tem mais chances de sucesso. É aquele que abre seu negócio por desejo de independência intelectual e econômica, estuda o mercado previamente e no final pode decidir, sem pressão, se fica num emprego fixo ou se empreende. Entretanto, não existem estudos conclusivos sobre a diferença de performance entre os dois casos. No jornalismo, conheci empreendedores por necessidade que se deram bem e muitos que faliram. E outros que começaram por vocação – parte teve êxito e outra parte não.

Em estudo realizado pela American Express com empreendedores americanos em atividade, a paixão foi considerada a principal motivação para empreender para 38% dos participantes. Outro destaque foi a "inclinação natural para empreender", com 20% das respostas – ou seja, poucas pessoas consideram ter "algo" a mais desde cedo. E o mais importante: não é a busca pelo dinheiro a principal motivação...[6]

Entre as características fundamentais do empreendedor, Fernando Dornelas aponta as seguintes:

- Ter iniciativa para criar/inovar e paixão pelo que faz.
- Utilizar os recursos disponíveis de forma criativa, transformando o ambiente social e econômico onde vive.
- Aceitar assumir os riscos e a possibilidade de fracassar.

De acordo com os estudiosos – e com nossa observação prática –, com aprendizado é possível empreender de forma tão eficaz quanto aquele que tem habilidade nata.

O empreendedorismo é típico da pequena empresa, pelo menos no começo. É a grande realidade econômica em nosso país. Somente em São Paulo 98% das empresas (1,3 milhão) são micro e pequenas.

---

6 Citado no blog Empreendedorismo, de José Dornelas, <www.campus.com.br>.

A vantagem da atividade jornalística freelance reside no fato de que a concorrência está no nível da competência do indivíduo, de seus talentos inatos e de sua capacidade comercial e organizacional. Não existe empresa de freelance de médio e grande porte para prestar serviços jornalísticos editoriais – ao contrário do setor de assessoria de imprensa, em que os pequenos empreendedores enfrentam a grande concorrência das empresas maiores e até multinacionais do ramo de comunicação. Neste último caso, as assessorias se transformam até num potencial cliente.

As pressões do mercado informal de trabalho e a falta de continuidade na contratação de serviços por parte das empresas jornalísticas e assessorias prejudicam o setor freelance. Tal característica deve ser levada em conta num planejamento de trabalho frila, em que a execução e a prospecção devem acontecer quase simultaneamente.

Mais números. A taxa da População Economicamente Ativa (PEA) fora do mercado formal no Brasil é de 55%. Nesse total, encontram-se os excluídos (aqueles que não conseguem emprego por falta de experiência ou pela idade avançada), os informais (sem registro em carteira profissional) e os que estão começando a se estruturar (como os ambulantes). A PEA é constituída por pessoas em idade de trabalhar e estimada em 75 milhões – 1/3 no Estado de São Paulo. Esse é o universo que caminha para o desemprego, subemprego ou empreendedorismo.

Não existem estudos específicos na área do jornalismo, até porque boa parte da categoria não está registrada em associações de classe e sindicatos, o que dificulta qualquer mensuração. Mas acredita-se que o índice PEA no setor, se existisse, seria semelhante à média nacional.

Algumas características do empreendedorismo, comparando os perfis de um gerente, um empreendedor, ou um empreendedor interno (intra-empreendedor), seriam:

CARACTERÍSTICAS	GERENTE	EMPREENDEDOR	INTRA-EMPREENDEDOR
Motivação	Poder	Liberdade de ação, auto-motivação	Liberdade de ação e recompensa organizacional
Atividades	Delega sua autoridade	Arregaça as mangas, colabora com os outros	Delega, mas colabora
Competência	Administração, política	Negócios, gerência e política	Empreendedor com mais habilidade política
Interesses	Acontecimentos internos da empresa	Tecnologia e mercado	Dentro e fora da empresa, mercado
Erros	Evitar erros	Aprendizagem com erros	Erros são evitados mas aprende com eles
Decisões	Intera-se do assunto para depois delegar	Visão e decisão própria, ação *versus* discussão	Fundamentação
Sistema	A burocracia o satisfaz	Se o sistema não o satisfaz, constrói o seu	Acomoda-se ou provoca curto-circuito
Relações	Hierarquia	Negociação	Hierarquia "amiga"

Fonte: Wikipédia.

Pela comparação no quadro acima, o empreendedorismo é uma evolução no perfil profissional exigido nas modernas teorias administrativas, que pregam a autonomia e a automotivação como diferenciais. Por isso começa a ser valorizado no ambiente interno das organizações.

Abaixo, segue uma lista das características desejáveis a um empreendedor. Evidentemente, nem todas estão disponíveis na mesma intensidade em empreendedores diferentes, mas é um ponto de partida teórico que resulta na qualidade prática:

- Originalidade
- Flexibilidade
- Facilidade de negociação
- Respeito às diferenças
- Tolerância
- Iniciativa
- Autonomia
- Otimismo
- Autoconfiança
- Visão
- Perseverança
- Tenacidade
- Personalidade
- Intuição
- Comprometimento
- Inteligência
- Capacidade política
- Aprendizagem fácil
- Imaginação
- Prudência
- Diligência
- Destreza
- Polivalência
- Comunicação

Do ponto de vista das empresas contratantes de serviços, há vantagens no trabalho dos empreendedores, dos freelancers. O relatório do Institute of Manpower Studies[7] lista quatro pontos fundamentais, que adaptamos ao caso do jornalista:

FLEXIBILIDADE FUNCIONAL: o número de pessoas pode ser aumentado (ou, deve-se admitir, diminuído na maior parte dos casos) de acordo com as demandas funcionais. Por exemplo, jornalistas externos podem ser chamados para atuar durante certo período para ajudar na elaboração de uma pauta ou de um projeto especial que exija conhecimentos específicos – educação, comércio exterior, segurança; cobertura de férias etc. Nas assessorias de comunicação, ajudam no reforço em eventos, coletivas ou na preparação de estudos e textos para determinados clientes.

FLEXIBILIDADE NUMÉRICA: os jornalistas autônomos podem ser contratados nos picos de demanda, sem qualquer risco de ficar ociosos quando houver um declínio.

FLEXIBILIDADE FINANCEIRA: o empregador pode pagar o honorário pelo trabalho, que pode ser superior ao salário estabelecido na sua estrutura normal de remuneração, sem provocar uma reação dos empregados.

FLEXIBILIDADE DE QUALIDADE: o empregador que esteja enfrentando problemas de uma equipe de fraco desempenho poderá substituir um ou outro profissional pelo freelancer mais experiente, ou incluir um frila para melhorar a performance do grupo.

O jornalista, como outras categorias profissionais, começa a questionar a validade de traçar uma carreira em apenas uma empresa. Hoje o mercado valoriza mais quem tem experiência diversificada em várias companhias do que aquele que viveu durante longos anos com um único crachá.

> "Na década de 1990, o sentimento de fidelidade permanente a uma empresa foi substituído por outro, o de utilidade mútua", diz o consultor Max Gehringer, colunista de Época. "Mudar de emprego, que era visto como algo vergonhoso (ter três empregos em dez anos era chamado de

---

[7] Citado em Godfrey Golzen, *Freelance: o desafio do trabalho autônomo* (1991).

'sujar a Carteira Profissional'), passou a ser a nova regra." A estabilidade foi substituída pela busca de oportunidades. Primeiro, dentro das empresas. Mas, num segundo momento, também fora.[8]

O jornalismo free não significa apenas prestação de serviços. O empreendedorismo pode designar negócio próprio via produção de um produto jornalístico. Pesquisando sobre o modo de vida dos jornalistas para sua tese de mestrado, Isabel Siqueira Travancas entrevistou dezenas de profissionais no Rio de Janeiro.[9] Ela descreve que o sonho da maioria dos jornalistas dos grandes centros urbanos é ser dono de um jornal – ou ter um bar, para se libertar do esquema empresarial dos grandes jornais e do próprio anonimato. Uma jornalista entrevistada disse que gostaria de montar seu próprio negócio, sem patrão, no esquema de cooperativa, para fazer algo criativo que também desse dinheiro. Isabel conclui que não ter patrão e possuir um negócio seu parecem palavras-chave para entender o imaginário desse grupo.

Outros pesquisadores acadêmicos também perceberam que o produto jornalístico transformou-se em mercadoria pela sociedade pós-industrial, o que naturalmente desperta interesses empreendedores nos trabalhadores da comunicação – além de atrair investidores e empreendedores de outros segmentos econômicos. Cremilda Medina, no clássico *Notícia, um produto à venda* (1988), observa que "as grandes agências de notícias se encarregaram de implantar internacionalmente, após a II Guerra Mundial, o modelo de consumo norte-americano – a notícia como um produto de venda no mercado urbano e industrial".

---

8 Revista *Época*, Editora Globo, ed. 416, 8 de maio de 2006.
9 O trabalho de Isabel Travancas foi publicado no livro *O mundo dos jornalistas* (1992).

3

TERCEIRIZAÇÃO
Quando o trabalho não é emprego

Os profetas do Apocalipse do antigo mundo do pleno emprego são Jeremy Rifkin e William Bridges. Precisamos entender o fenômeno do emprego × trabalho antes de prosseguir – esta é a base da compreensão da verdadeira terceirização. Rifkin, um dos pensadores que mais influenciam a política americana, publicou em 1995 o *best-seller The end of work* [*O fim dos empregos*]. Hoje, o mundo tem 1 bilhão de desempregados e subempregados, e esse número deve crescer assustadoramente, segundo o autor. Ele calcula que 11% dos empregos desaparecem a cada sete anos; em cinqüenta anos, não haverá mais empregos nas fábricas – o cálculo foi feito em 1994, e o autor hoje diz que foi até otimista na projeção. Estaríamos vivendo uma nova fase, chamada de "a terceira revolução industrial", resultado do surgimento de novas tecnologias, da informática, da robótica, das telecomunicações. As máquinas tomam o lugar dos seres humanos. No passado, as "vítimas" do desemprego causado pela tecnologia industrial eram absorvidas por outros setores. Agora isso já não acontece: a tecnologia chegou até a agricultura e serviços.

Mas a tecnologia também não produz mais empregos? Mesmo que novas ocupações sejam criadas pelas modernas tecnologias, ainda segundo Rifkin, essas novas oportunidades não serão suficientes para empregar o crescimento vegetativo da população.

William Bridges escreveu um livro parecido, *Um mundo sem empregos* (1995), e procura oferecer algumas alternativas para o futuro sombrio previsto por Rifkin[10]:

EMPREGABILIDADE: a estabilidade, como se conhece hoje, não mais existirá. O funcionário será "estável" enquanto for necessário em sua função. Quando não mais o for, a estabilidade se quebrará, tornando o empregado descartável. Apesar de parecer óbvio, hoje em dia, que, quando a função não for mais necessária, o funcionário também não o será, as empresas não demitem apenas porque temporariamente a pessoa não está completamente ocupada.

O repórter é útil enquanto faz sentido em sua editoria. O assessor de imprensa é útil enquanto o cliente que atende ainda é cliente da empresa.

MENTALIDADE DE FORNECEDOR: os japoneses vêem na lealdade a seus patrões e empregadores a melhor forma de assegurar seus lugares na companhia. Em parte isso também é verdade na Europa, nos Estados Unidos e no Brasil. Os executivos vêem com bons olhos funcionários que estão sempre à disposição, com lealdade a toda prova. Isso para William Bridges já não será uma garantia no futuro. O funcionário deverá deixar de pensar como empregado e passar a se comportar como se fosse um temporário, contratado por tarefas. Não bastará acertar de vez em quando. O funcionário será como um fornecedor externo que, quando deixar de cumprir uma tarefa específica, não mais servirá para a companhia.

O jornalista hoje é cada vez mais contratado por tarefa, seja na redação de jornais, revistas, sites, TVs, rádios, agências noticiosas e assessorias. Não adianta mais querer se apegar a funções, a editorias ou sonhar em fazer carreira interna. Isso pode até ocorrer, mas o jornalista terá de ter espírito empreendedor.

---

10 Aproveitamos e adaptamos a resenha do livro feita por Daniel Portillo Serrano para o Portal do Marketing <www.portaldomarketing.com.br>.

Precisará trabalhar como se fosse um prestador de serviços; todo seu tempo terá de ser dirigido para a execução de uma tarefa, não mais para cumprir um horário burocrático.

ELASTICIDADE: "Melhor ser um oceano com um metro de profundidade que um poço com mil." O funcionário ideal será aquele que souber melhor enfrentar turbulências e mais rapidamente se adapte a novas realidades. Quebrar paradigmas será uma necessidade peremptória para quem quiser sobreviver. Segundo Bridges, a elasticidade necessária para o funcionário bem-sucedido deverá também prever os sentimentos: recuperar-se logo de decepções, sobreviver em elevados níveis de incerteza e encontrar a segurança interiormente mais do que externamente. Abrir mão do que está superado e rapidamente aprender o que está surgindo será uma necessidade.

É a história do *Quem mexeu no meu queijo?* do capítulo 1. Não adianta discutir se é melhor ser empregado fixo ou autônomo: o jornalista deverá dançar conforme a música. Se for fixo e virar terceirizado, deve deixar de reclamar o conforto, o cafezinho e o ar-condicionado da redação (quando existem) e pensar em executar bem sua tarefa. Procurar o lado bom do negócio – a oportunidade de negócio.

Bridges acaba confirmando e ampliando a tese de Cremilda Medina: tanto a notícia quanto o jornalista se transformarão em produto, em mercadoria. Assim, cada um de nós deverá "comercializar-se" ao empregador. Mostrar um diferencial (trataremos disso em outro capítulo) e se comportar de maneira adequada. O bom profissional técnico, porém com problemas de relacionamento e comunicabilidade, não será aceito como terceirizado. Contratados, até toleramos colegas chatos. Terceirizados, nunca.

O emprego diminui, o trabalho aumenta.

Serviços freelance sempre existiram no universo jornalístico: na contratação de um profissional para reforçar a equipe; em momentos de pico de trabalho; por necessidade de um especialista; ou por conveniência do local onde o jornalista reside. Na maior parte desses casos, o trabalho costuma ser por tempo determinado.

Até o início da década de 1990, os frilas eram minoria no contexto empresarial – seja em veículos de comunicação ou assessorias. A partir dessa época, começou a se verificar um rápido processo de reestruturação organizacional, imitando o que já acontecia em maior escala em empresas de outros segmentos econômicos, principalmente indústrias. Pressões para desregulamentar as relações do trabalho chegaram até a discussão da remuneração por trabalho executado – e não mais por tempo de trabalho. A indústria têxtil já adotava a prática de pagar por peça a fornecedores, geralmente ex-funcionários e seus familiares que começavam a produzir em casa etapas do trabalho antes feitas dentro das empresas. A indústria autônoma avançou ainda mais ao introduzir o conceito de "condomínio de empresas", ou seja, fornecedores terceirizados trabalhavam dentro das instalações da empresa contratante, cumprindo horário de trabalho semelhante a outro funcionário não terceirizado. A diferença é que o funcionário do "condomínio" não tinha vínculo trabalhista com a empresa-cliente, e sim com a empresa-contratante de seus serviços, terceirizada.

Surgiram muitas discussões sobre a legalidade dessas práticas, com especialistas defendendo um ou outro lado. Sindicatos patronais e de trabalhadores incluíram a terceirização como item principal de negociação. As empresas jornalísticas e assessorias ficaram um pouco distante da polêmica, até porque ainda não existia instrumento jurídico que apoiasse a terceirização da maior parte da força de trabalho. Os sindicatos de jornalistas introduziam nas negociações dos dissídios anuais cláusula limitando a 10% ou 25% a contratação de jornalistas freelancers, índice que variava de estado para estado e era sempre contestado ou recusado pelos sindicatos patronais.

No auge do debate e das batalhas jurídicas, o Tribunal Superior do Trabalho (TST) emitiu o Enunciado nº 256 (1986), que proibia a terceirização de atividades-fim – ou seja, um jornal não poderia terceirizar a redação, sua atividade principal. Uma assessoria de comunicação também não poderia terceirizar a equipe responsável pela execução de um trabalho que era a própria natureza da existência da empresa. Considerava-se possível apenas a terceirização de atividades-meio – segurança, limpeza, manutenção, restaurante, administração etc.

Mais tarde, o TST publicou o Enunciado nº 331, em dezembro de 1993, que abriu algumas brechas para a terceirização mais ampla. Os requisitos necessários para a legalidade da terceirização passavam a ser os seguintes:

ATIVIDADE-MEIO: a terceirização somente poderá ocorrer nas atividades auxiliares à sua atividade principal.

IMPESSOALIDADE: na contratação de empresa personalidade jurídica (PJ), não há diretamente a pessoalidade, porque existe a opção da contratação de empregados para prestarem o serviço ao tomador. Já na contratação de profissionais autônomos (pessoas físicas), muito embora sejam estes que devam realizar o serviço, deve-se atentar para que não fiquem subordinados a horários de trabalho nem à hierarquia, pois, do contrário, poderá caracterizar-se a pessoalidade.

SUBORDINAÇÃO DIRETA: em qualquer forma de contratação de terceiros não poderá haver subordinação direta (hierárquica) – isto é, o tomador de serviços não poderá ficar dando ordens aos empregados da contratada ou a autônomo profissional.

RESPONSABILIDADE SOLIDÁRIA: a empresa tomadora é responsável solidária pelas obrigações trabalhistas (FGTS, INSS, IR, direitos trabalhistas etc.) da empresa contratada.

A Portaria nº 739 do Ministério do Trabalho, datada de 29 de setembro de 1997, permitiu que o registro de empregados de empresas terceirizadas permaneça na sede da contratada, desde que eles portem cartão de identificação do tipo "crachá", com nome completo, data da admissão, número do PIS/Pasep, horário de trabalho e respectiva função.

De qualquer forma, não existe até hoje uma legislação específica sobre terceirização. As portarias e enunciados citados tentam complementar leis anteriores que, por sua vez não são muito claras com esse assunto atual – como a Lei nº 6.019/1974, que instituiu o trabalho temporário nas empresas urbanas.

A terceirização está incluída no contexto da globalização da economia, do neoliberalismo e de movimentos (organizados ou não) do empresariado para redução dos custos. A excessiva carga de impostos no Brasil, recorde mundial, é a justificativa para tentativas de enxugamento dos meios de produção e redução de impostos via terceirização. A verdadeira terceirização proporciona vantagens, como ausência de vínculos empregatícios, redução de custos com encargos trabalhistas, eliminação de gastos com seleção de pessoal e treinamento em serviços de apoio; dessa forma, a empresa pode concentrar-se em sua atividade econômica principal.

No meio desse imbróglio, empresas jornalísticas, seguidas por empresas de assessoria de comunicação, começaram a terceirizar indiscriminadamente boa parte de sua redação. Até hoje esse assunto está mal resolvido. A maior parte dos contratantes prefere agora contratar terceirizados via PJ (mesmo que essa pessoa jurídica seja registrada em nome da pessoa que trabalha e seu cônjuge), fugindo da contratação do autônomo, que teoricamente daria mais brechas para discussão da legalidade ou não do contrato terceirizado. A contratação de PJ também joga a discussão para o âmbito da justiça comum e não da trabalhista, pois se trata de relação entre duas empresas. Entretanto, muitas ações trabalhistas de jornalistas terceirizados têm sido vitoriosas. De qualquer forma, o freelancer procura fugir de brigas trabalhistas para não se "queimar no mercado", sujeitando-se à norma da empresa ou do mercado.

Todo esse movimento – patronal, principalmente – tem procurado deslocar a terceirização da área trabalhista para a da contratação de serviços. O freelancer profissional está no meio desse furacão.

Uma das principais iniciativas nacionais para debater o assunto no setor foi o Seminário Terceirização no Jornalismo, realizado em fevereiro de 2000 na cidade de Florianópolis (SC). Estiveram presentes nomes importantes no meio trabalhista (Ministério Público e do Trabalho), sindical e empresarial. Vejamos trechos do debate segundo o noticiário do Sindicato dos Jornalistas do Estado de Santa Catarina[11]:

> Para o assessor do Sindicato dos Jornalistas de São Paulo, Nelson Sato, a terceirização está servindo para que as empresas desviem recursos (impostos) que poderiam estar sendo investidos em programas sociais. Segundo ele, a única grande empresa jornalística de São Paulo que adotou a terceirização foi o *Estado de S. Paulo*. Terceirizou a revisão e o caderno Guia Cultural. São 12 jornalistas no total, que continuam recebendo o mesmo salário, vale-refeição etc. "Teoricamente não houve prejuízos, já que esses jornalistas seriam demitidos e acabaram ficando contentes com a situação de segurar o emprego", afirmou Sato.
>
> O representante do Ministério Público do Trabalho, Marcelo Goulart, disse que com a terceirização surgiram novas alternativas de relação de trabalho que não estão expressas na legislação. Segundo ele, a grande angústia é que toda a legislação foi criada em cima de unidade fabril. Em tese, portanto, toda a mudança nas relações de trabalho é irregular. "A terceirização tem sido autorizada na atividade-meio. Mas está difícil separar o que é meio e o que é fim. No caso do jornalismo, meio seria limpeza, transporte, vigilância etc.", explicou.
>
> Os representantes dos sindicatos presentes ao seminário foram unânimes em criticar a terceirização como alternativa no mercado de trabalho. A presidente do Sindicato dos Jornalistas de Londrina e do Norte do Paraná, Carina Pacola, citou exemplos frustrados de terceirização implementados pelo jornal *Folha de Londrina*. Para o representante da Federação Nacional dos Jornalistas, Sérgio Murillo de Andrade, a terceirização precariza as condições de trabalho. "O mais preocupante é que o próprio

---

[11] Veja reportagem completa no site <http://www.sjsc.org.br/noticias/mar_2000.htm>.

terceirizado, em muitos casos, aprova receber um ganho nominal maior, mesmo que não tenha férias, FGTS etc.", acrescentou Murilo. "Num primeiro momento a terceirização parece boa, mas depois os problemas começam a surgir", completou o presidente do Sindicato dos Jornalistas do Paraná, Emerson de Castro.

Nelson Sato, assessor do Sindicato dos Jornalistas do Estado de São Paulo, presente no evento, detalhou mais a questão:

> Há três tipos de terceirização: a de empresa para empresa, a de empresa para pessoa, ambas legais, e a terceirização ilegal. Há um claro desvio de fisco nas terceirizações. As empresas pagam apenas Imposto de Renda e as contratadas enchem suas contabilidades de despesas e retiram um pró-labore interessante.
>
> A intenção do *Estadão* era terceirizar quase tudo na redação, deixando apenas livre o primeiro caderno. Mas o que o jornal deixaria de receber e problemas com prêmios recebidos por terceirizados fez com que o jornal voltasse atrás em sua idéia inicial. Há outras determinações na grande imprensa de São Paulo. A *Folha de S.Paulo*, por exemplo, não envia jornalistas a mais de 90 km de distância do seu local de atuação, a não ser em casos muito especiais. Na Rede Globo, todos os jornalistas que entram são contratados por uma empresa e ficam 90 dias em experiência. Só depois disso são realmente contratados pela Globo.
>
> A Rede Bandeirantes fechou uma parceria com a empresa Traffic que terceirizou programas esportivos e até grades de programação. Com a aprovação da lei que permite a entrada de capital estrangeiro no setor, é bem provável que a Traffic compre a Bandeirantes. Os repórteres cinematográficos da Band formaram uma cooperativa e prestam serviços à Traffic. Nas assessorias de imprensa há problemas com a terceirização. O jornalista faz uma parceria com a empresa e recebe de 20 a 30% para cada trabalho de assessoria realizado. Há uma tendência de crescimento da terceirização no meio jornalístico, principalmente com o crescimento da previdência privada. Com um salário médio de R$ 4 mil, o jornalista

em São Paulo não está muito preocupado com a previdência, o plano de saúde, já que ele pode arcar com isso tranqüilamente, independente de ser ou não contratado pela empresa.

Sérgio Murillo de Andrade, diretor da Federação Nacional dos Jornalistas (Fenaj), complementa:

Seis grandes empresas controlam a comunicação no mundo inteiro. Há uma concentração de capital e controle dos conteúdos difundidos pelo mundo. Isso traz conseqüências como a flexibilização nas relações de trabalho e a precarização do trabalho. O jornalismo sempre conviveu com os freelancers. Ocorre que hoje surgem os chamados "medalhões", que acham mais interessante ser pessoa jurídica do que física. Estamos com a possibilidade de que logo as redações inteiras estarão terceirizadas. Não haverá mais jornalistas nas redações. Uma situação absurda mas que pode ocorrer. Uma discussão que surge é a unificação das categorias da área de comunicação. Temos de fazer esse debate para fortalecer a luta pela manutenção dos direitos adquiridos dos trabalhos e evitar a precarização do trabalho.

A política de contratação de pessoas jurídicas varia de acordo com as empresas jornalísticas. De acordo com o blog de Mauro Molin, publicado no Observatório da Imprensa[12], a TV Globo só contrata via PJ profissionais "estrelas", que aparecem no vídeo e não cumprem jornada de trabalho regular; a TV Record, qualquer funcionário que ganhe acima de R$ 2 mil. Ele ainda opina sobre a terceirização:

A terceira observação remete para uma discussão atual, a da emenda à Constituição que o governo Lula vetou. Está em jogo a legalidade das contratações em regime de PJ. A Justiça do Trabalho firmou a

12 <http://observatorio.ultimosegundo.ig.com.br/blogs.asp?id=%7B7748D6F0-E92F-4276-8EAD-FCC6FFAF5B2E%7D&id_blog=4>.

jurisprudência de que as empresas não podem terceirizar em funções que são suas finalidades precípuas: jornalistas em jornais, médicos em hospitais, professores em escolas etc. Hoje em dia muitas empresas estão irregulares, desse ponto de vista. Meios de comunicação, então, nem se fala.

Se os jornalistas tivessem uma representação sindical mais consistente, poderiam abrir com os patrões uma discussão sensata: "flexibilizar" a terceirização. Ou seja: continua a contratação em regime de PJ, mas com algumas vantagens essenciais que hoje existem no regime de carteira assinada: férias com acréscimo, décimo terceiro, bônus, plano de saúde etc.

As empresas, em meio à crise da imprensa, se deram conta de que não conseguiam mais pagar grandes redações no regime trabalhista canônico e entraram numa febre de terceirização. E então foram para o pólo oposto: lei do cão. Quem sabe haveria soluções inteligentes que permitissem melhorar as coisas dos dois lados da mesa?

O jornalismo é apenas uma das categorias que estão sob o impacto da terceirização. O assunto não será resolvido no âmbito da comunicação, e sim no contexto econômico das demais categorias profissionais e empresas do Brasil. Enquanto isso, a maior parte das terceirizações é tecnicamente fraudulenta, por inexistência de legislação adequada, falta de informação ou má-fé dos atores. Num seminário ocorrido em São Paulo, um juiz trabalhista afirmou que, de cada dez casos de terceirização que chegam à Justiça do Trabalho, nove são fraudes.

Cássio Mesquita Barros lida com Direito do Trabalho há, pelo menos, 50 anos. Hoje, aos 76, é membro da Comissão de Peritos da Organização Internacional do Trabalho (OIT), entidade que tem mais de 170 países associados e que busca estabelecer diretrizes mínimas para condições dignas de trabalho.

E condições dignas, acredita o advogado, não são violadas pelo simples fato de o trabalhador não ter carteira assinada. Muitas vezes, ele é autônomo, independente, e não empregado. "É preciso separar o joio do trigo. Há violações, mas também há trabalho independente", diz Barros. Para ele, o pensamento que predomina na Justiça Trabalhista prejudica o desenvolvimento do país.

Para o advogado, a CLT, objeto de amor e ódio, foi muito importante para o país quando foi criada, há mais de 50 anos, num período em que a relação de trabalho era quase feudal. Hoje, Barros considera que a legislação precisa ser revista. As relações de trabalho já não são mais as mesmas.[13]

---

13 <http://conjur.estadao.com.br/static/text/51651,1>.

4

PROFISSIONAL LIBERAL OU EMPRESÁRIO?
O seu cartão de visitas

O freelancer é um empresário a partir do momento que abre uma empresa. E o que é empresa? Um escritório num edifício de alto padrão, uma sala num cortiço no centro velho de uma metrópole ou um canto de sua casa ou apartamento? Qualquer alternativa está correta. Legalmente, um jornalista não pode atuar juridicamente como profissional liberal (como médico, dentista, advogado), apesar de seu trabalho como freelancer ter essa característica.[14]

De certa forma, todo empresário do ramo de prestação de serviços pode ser considerado um freelancer, pois vive de trabalho contratado por período determinado ou *job*. O freelancer profissional – aquele que abre uma empresa para se legalizar no mercado, tendo escritório próprio ou não – atua de fato como um profissional liberal. A diferença é que se convencionou chamar de freelancer o jornalista que vende (ou aluga) seu trabalho e trabalha sozinho, principalmente em reportagens – ninguém chama um empreendedor assessor de imprensa de freelancer! Essa denominação chega a ser pejorativa, pois alguns (poucos, felizmente) profissionais empregados e editores que contratam prestadores de serviços vêem o free como um desempregado que faz bico – o que nem sempre condiz com a realidade.

---

[14] Recentes mudanças na legislação (Medida Provisória nº 11.196/05, a "MP do bem") proporcionaram ao jornalista a opção de atuar como microempresa.

Alguém já chamou o seu médico, dentista ou advogado de freelancer? Por que só com jornalista é assim? Felizmente o termo "freelance" não é considerado pejorativo para a maior parte do mercado e para os profissionais desse ramo, que até estimulam o jargão – com orgulho.

A desqualificação semântica em algumas redações dificulta o trabalho de posicionamento do freelancer profissional – geralmente um prestador de serviço mais responsável do que aquele que faz um "bico" (com muitas exceções, claro). Na prática, o cliente não reconhece essa diferença e a remuneração é a mesma para quem fornece nota fiscal, paga impostos, tem despesas com escritório e eventualmente contrata uma secretária e um estagiário, e aquele que não tem compromisso com o mercado de prestação de serviços. Não queremos entrar no mérito da questão e até apoiamos a atividade frila para quem está desempregado e busca nova colocação. Queremos, sim, destacar as características de cada subsegmento.

Conforme já discutimos, o jornalista freelancer normalmente trabalha sozinho, "vendendo" o seu nome e sua experiência. Pode em algumas situações ter um estagiário ou outro profissional colaborando em pautas específicas. E dispor de uma pequena infra-estrutura, com uma secretária, um pesquisador etc. A praxe nesse mercado é o trabalho solitário, individual, autoral. Como empreendedor, consegue rapidamente montar uma equipe (de outros frilas) para executar determinada tarefa. E também se compõe rapidamente em outras equipes formadas por trabalhadores autônomos contratados por determinada empresa (ou outro freelancer).

Tornar-se empresário *lato sensu* acaba sendo a aspiração natural do frila. Entendemos como empresário, apenas para uma diferenciação didática neste livro, aquele prestador de serviços que monta uma estrutura na qual consegue tocar o negócio com o trabalho de colaboradores. Ou seja, aluga (de outros freelancers) ou compra a força de trabalho (com registro em carteira) de outros jornalistas. Aqui vale a pena ressaltar o que já foi de certa forma dito anteriormente: o mercado de frila de jornalismo, como é costume entre os que contratam profissionais liberais, gosta de receber o trabalho "assinado" pelo jornalista que contratou e não por um terceiro recontratado. Assim, a revista X encomenda um texto ao jornalista João da Silva e não quer receber uma matéria do José Fulano, subcontratado pelo João – exceto quando o cliente aceita essa condição (coisa rara), ou em trabalhos mais complexos, como grandes reportagens, edição de revistas ou suplementos, que exige uma equipe maior. Aí o frila se transforma em editor e contrata outros jornalistas para a reportagem. De qualquer forma, o cliente deve sempre estar informado de suas condições.

O mesmo acontece no mercado de assessoria de imprensa. O contratante – outro frila, assessoria ou departamento de comunicação de uma empresa, governo ou entidade – quer que o trabalho seja executado pelo profissional contratado. A diferença entre o mercado de assessoria e o editorial é que o primeiro suporta mais as chamadas quarteirizações, ou quinteirizações (quando um terceirizado recontrata outros terceirizados, que por sua vez contratam mais outro terceirizado). É comum uma empresa de assessoria ganhar uma concorrência para executar determinado serviço numa estatal ou empresa privada e repassar a execução para frilas e estes repassarem o trabalho para outros colegas. É uma situação complexa. Se todos os atores não trabalharem de fato no projeto, o correto será que o verdadeiro executante seja contratado diretamente pelo cliente. Mas nem sempre isso acontece. É o jogo da cadeia alimentar, em que o mais forte pega os melhores trabalhos e repassa para os "mais fracos" executarem.

5

ASPECTOS LEGAIS
Prevenir ainda é melhor que remediar

Discutimos a confusão jurídica a que o jornalista está sujeito quando deseja abrir uma empresa. Não pode ser um profissional liberal. Alguns preferem se enquadrar na denominação "sociedade de profissionais", quando os sócios são dois jornalistas. É o mais próximo da categoria liberal. Mas nem sempre o jornalista tem um sócio da mesma profissão (ou nem deseja isso). A alternativa natural é abrir uma empresa comum e arcar com os impostos de praxe (em torno de 15% para pequena empresa e menos para microempresa – dependendo ainda se será ou não enquadrado na categoria Simples, em que paga apenas um valor para diversos impostos, com taxas variando de 1% a 6%, também dependendo da condição oferecida pelo município sede).

Para reduzir a carga tributária, alguns jornalistas optam pela microempresa. Como a atividade jornalística não se enquadrava na categoria microempresa até o final do ano de 2006, o profissional fazia o registro como uma firma de artes gráficas ou serviços fotográficos – pois na prática alguns até realizam esses trabalhos. Naturalmente, não podiam emitir nota fiscal de "produção de textos". A saída pela tangente era generalizar como "prestação de serviços editoriais". Agora, com a possibilidade de o jornalista operar como microempresa e ser enquadrado no Simples, é possível reduzir em mais de 50% seus impostos.

O melhor sempre é a via legal. Abra a empresa de acordo com a finalidade a que se destina. Se pretender editar publicações independentes, qualifique-a como editora, além de prestadora de serviços. Pense sempre no futuro. Com o passar dos anos, a empresa do jornalista autônomo vai mudando a configuração. Pode ter começado com o objetivo de prestar serviços editoriais a veículos de comunicação e na prática estar executando assessoria de imprensa. Ou vice-versa. Talvez a solução seja listar em sua razão social objetivos amplos, prevendo todos os casos empreendedores. E deixar o foco para depois – caso não tenha decidido isso na abertura da empresa.

Aconselhamos os freelancers a procurar um contador de confiança e elaborar um contrato social que mais se adapte às suas necessidades. Lembre-se de que na maior parte dos casos a residência pode servir de endereço oficial para o prestador de serviços.

O nome da empresa não é importante em muitas ocasiões; vale mais o nome do profissional. Esse é outro problema de posicionamento do freelancer. O frila é conhecido pelo seu nome e não pelo nome de sua personalidade jurídica. No caso do assessor de comunicação, o nome fantasia pode ser mais marcante. Pense em tudo isso quando iniciar sua carreira solo. Você poderá até, no futuro, prestar serviços de reportagem freelance, assessoria de imprensa e consultoria. Por que limitar sua experiência e seus talentos? Ou seria antiético misturar esses segmentos? O mercado ainda discute esse dilema.

Na Itália, o jornalista que passa para o lado da assessoria de imprensa deve devolver seu registro profissional. Muda de categoria. Existe uma briga de décadas entre jornalistas e relações-públicas a respeito do mercado de assessoria de imprensa. Legalmente, o termo "assessoria" está entre as exclusividades do relações-públicas. As entidades de classe dos jornalistas defendem que ele também pode ser assessor de imprensa. Na prática, existem mais jornalistas em postos de assessoria que relações-públicas, inclusive em posições de comando – gerencial e diretoria.

Pesquisa realizada pela Associação Brasileira de Comunicação Empresarial (Aberje) em 2005 destaca que a comunicação interna das empresas continua sendo multidisciplinar, com profissionais de diversas áreas atuando conjuntamente. Jornalistas lideram o *ranking* com 47,9% das citações, 6 pontos percentuais abaixo da pesquisa de 2002. Chama a atenção a queda acentuada de relações-públicas, que reduziu sua participação pela metade, de 32% em 2002 para 15,4% em 2005.

Antes de se aventurar na carreira empresarial (e gastar um bom dinheiro abrindo e depois fechando uma empresa), converse com outros colegas de profissão que atuam como freelancer ou empresários. Compare modelos de negócios com a sua vocação. Contate o Sindicato Nacional das Empresas de Comunicação Social (Sinco, www.sincosindicato.com.br) e a Associação Brasileira das Agências de Comunicação (Abracom, www.abracom.org.br). Veja se o seu perfil se enquadra na definição de empresa dessas instituições.

Com a terceirização desenfreada, alguns escritórios contábeis se especializaram em atender clientes jornalistas. Sua clientela é formada por jornalistas free fixos em sua maioria. Profissionais obrigados a abrir empresa e prestar serviços com nota fiscal a seu empregador, cumprindo jornada de trabalho de um empregado. Já criticamos essa prática antes. Infelizmente, até conhecidos apresentadores de telejornais, colunistas, diretores de redação, editores, gerentes e diretores de comunicação trabalham nessa condição.

Esticando um pouco mais o assunto na questão de registros fraudulentos, é digna de nota a iniciativa questionável de algumas empresas jornalísticas de incentivar a formação de cooperativas para seus colaboradores. A idéia é eliminar os contratos via Consolidação das Leis do Trabalho (CLT) e transformar todos os empregados jornalistas em cooperados que prestam serviços à empresa. Quando a iniciativa parte da empresa, pode ser outra modalidade precária do free fixo. A cooperativa, quando corretamente discutida e formatada, é uma alternativa interessante para o trabalho free. Mas a prestação de serviços da cooperativa nunca deveria ser exclusiva para determinada empresa. É brecha legal para a precarização.

6

CONTRATOS

"Só assinando contrato" (comunidade do Orkut)

Já que falamos em aspectos legais, vale a pena discutir a questão contratual. Por motivos que ninguém explica, ou talvez porque algumas empresas ainda não enxerguem o freelancer como um prestador de serviços comum, convencionou-se não formalizar a relação de trabalho (ou melhor, a prestação de serviços) com o freelancer. Como é considerado um trabalho eventual, justifica-se a não-necessidade de contratos. Será?

Discorde sempre dessa prática. Se você é pessoa jurídica, saiba que não existem acordos verbais entre as partes no mundo dos negócios. Até para contratar um faxineiro eventual as empresas exigem a assinatura de algum termo de compromisso. Se você não prestará serviços regulares, pode até pensar em desconsiderar a necessidade de um contrato com tempo determinado para o início e fim do trabalho.

Mas isso é um engano. No mínimo, peça sempre a formalização da pauta ou do *job* e do preço acertado por carta, fax ou e-mail. Mesmo que esteja colaborando com uma publicação ou uma assessoria há algum tempo e tenha se convencionado um valor por lauda, é sempre bom confirmar valores e condições a cada nova solicitação de serviço. Qual é o problema? Qual o medo do contratante em formalizar seu pedido e o preço do trabalho combinado? A falta de contratos e formalizações de alguma espécie tem acarretado inúmeros problemas, desentendimentos e prejuízos (só para os freelancers, é claro).

Quando alguma empresa questiona seu pedido de formalização contratual de um trabalho, pode ter certeza de que você terá problemas em receber algum dia. Ou, no mínimo, ficará vulnerável.

Por falta de critérios claros e formalizados, trabalhos são cancelados no meio da execução, valores acertados são diminuídos unilateralmente e às vezes não são pagos. A quem recorrer? À morosa Justiça? A maioria dos frilas não quer "se queimar" no mercado e não recorre à Justiça contra empresas, mesmo quando é prejudicada.

Algumas vezes um editor ou coordenador de comunicação contrata um freelancer sem autorização da empresa. Pelo menos essa é a alegação de certas empresas para não pagar determinados trabalhos. É comum em momentos críticos de fechamento, ou quando o trabalho acumula e faltam funcionários, o jornalista contratante recorrer a frilas. Às vezes, o profissional contratante tem uma margem de autonomia que pode não ser muito clara. No final, quem vai "dançar", claro, é sempre a parte mais fraca: o freelancer. Portanto, previna-se.

7

DIREITOS AUTORAIS E PLÁGIO
Respeito à propriedade alheia

Direito autoral também é uma questão polêmica no mercado. Pela legislação, o trabalho intelectual pertence ao autor e não pode ser "cedido" para sempre, apenas alugado, ou melhor, cedido a determinada publicação e em data específica. A republicação de matérias gera um custo em torno de 50% do preço da matéria inicial, segundo acordos de convenções dos sindicatos de jornalistas. Se a matéria é publicada nos meios impresso e digital (página web da editora), deveriam incidir dois valores. Mas esse assunto ainda não está resolvido.

Na interpretação do Sindicato dos Jornalistas Profissionais do Estado de São Paulo (SJSP) e da Associação Brasileira para Proteção da Propriedade Intelectual dos Jornalistas (Apijor), o fruto do trabalho jornalístico é intelectual e protegido, portanto, pela Lei nº 9.610/98, dos Direitos Autorais, e sua contratação não pode ser confundida com a de uma prestação de serviços. Segundo essa lei, sobre toda obra intelectual incidem direitos autorais, tanto patrimoniais quanto morais. Estes últimos são inegociáveis e inalienáveis. Já os direitos patrimoniais podem ser cedidos ou licenciados mediante o devido pagamento.

A autorização da publicação do material jornalístico também é motivo de controvérsias. Algumas editoras exigem que o frila assine um "Instrumento de Cessão de Direitos Autorais", no qual o cliente terá "propriedade integral" do trabalho jornalístico, podendo, em tese, reproduzi-lo quantas vezes quiser em diferentes veículos (impresso, *on-line* etc.). Os sindicatos de jornalistas não concordam com essa interpretação e julgam "sem efeito jurídico" esse instrumento.

De acordo com a interpretação do Sindicato dos Jornalistas Profissionais no Estado de São Paulo:

> O instrumento adequado, do ponto de vista jurídico, para autorizar a publicação da obra jornalística é o contrato de licenciamento de reprodução de obra, sobre o qual não incide o recolhimento do Imposto Sobre Serviços (ISS) ou qualquer contribuição ao INSS (Instrução Normativa do INSS, no 71/02, art. 56). Sobre o bem móvel incide apenas o Imposto de Renda, cujo valor, depois de calculado, deve ser agregado ao valor líquido orçado.[15]

Nos Anexos disponibilizamos um modelo de contrato de reprodução de obra e recibo de pagamento de direitos autorais recomendado pelo SJSP.

Plágio de pautas é outro problema recorrente para os frilas. Devido às características do mercado hoje, o jornalista freelancer também é um repórter exercendo na prática a função de um supereditor. Ele pesquisa e propõe a pauta, faz a reportagem, escreve, revisa e entrega. É comum o frila enviar diversas sugestões de pauta para o editor-cliente. Algumas vezes essa pauta já foi sugerida por outro frila, surgindo conflitos. Quem sugeriu primeiro? Pode acontecer esquecimento ou desorganização do editor para catalogar a autoria de cada sugestão; pode ser que o editor não confie no frila para executar aquela pauta e passe para outro frila; e pode ainda ocorrer má-fé, quando o editor rouba a idéia literalmente. Para alguns frilas, são os ossos ou os riscos do ofício. Outros brigam nessa questão.

---

15 <http://www.jornalistasp.org.br/index.php>.

8

ESTRUTURA FÍSICA
Clientes primeiro, escritório depois

Trabalhar em casa, num escritório próprio ou no endereço do cliente? Vejamos as opções.

HOME OFFICE

Que tal trabalhar em casa? Poder acordar mais tarde, ficar mais perto da família, dos filhos, não se estressar no trânsito... Cuidado com o canto da sereia! Se todo mundo reclamava de levar trabalho para casa, por que agora isso se transformou numa panacéia, uma solução para a vida agitada das grandes metrópoles? Trabalho em casa não é para todo mundo nem para todas as atividades. Quem não tem autodisciplina e condições estruturais adequadas pode se tornar mais improdutivo dentro de casa. Caso você viva com a família e more em um apartamento apertado, sem local adequado para isolar-se e trabalhar sossegado, sentirá saudades do ambiente empresarial, por pior que já tenha sido.

Os vendedores de computadores e softwares adoraram a difusão do *home office* para o trabalhador do novo milênio. Revistas e seções de pequenas empresas ou de informática, sempre atentas às novidades *modernósticas*, venderam a pauta da maravilha do trabalho no lar. Citaram exemplos, entrevistaram gente que trocou o escritório pela escrivaninha caseira, ensinaram os dez passos para se dar bem, divulgaram empresas moderninhas que se anteciparam ao futuro libertando parte de seus funcionários para o teletrabalho e relacionaram até uma lista básica de equipamentos.

Meses depois, vemos o outro lado – em outros veículos. Gente que se deu mal trocando o escritório pela casa, os dez vícios de quem trabalha na residência, as empresas que não trocam o convívio profissional do escritório pela distância fria das residências, o custo de montar um *home office* adequado etc.

O jornalismo é uma atividade que casa bem com o teletrabalho, principalmente com as facilidades da internet banda larga, telefonia celular, laptops etc. Acredito que no futuro as grandes empresas jornalísticas e assessorias investirão adequadamente nessa modalidade, transferindo parte de suas redações para a casa dos funcionários – hoje já é uma realidade com os correspondentes, mas de certa forma precarizando-os. Se um repórter está na zona Norte de São Paulo cobrindo uma pauta de enchente e mora próximo dos fatos, e sua editora fica na zona Sul, parece não fazer sentido cruzar toda a cidade só para escrever e entregar o texto. Pode-se fazer isso em casa e mandar por e-mail. Ganho precioso de tempo para o fechamento em cima da hora do jornalismo diário.

Um assessor de imprensa que tem uma carteira de clientes para atender e visita-os freqüentemente para pegar *briefings* e aprovar releases não precisa estar todo dia na assessoria. Nas grandes metrópoles, é uma perda de tempo sair de casa, ir para a empresa de assessoria, sair de novo, ir para o endereço do cliente, retornar para a assessoria e depois para a casa. Se o relevante está no cliente, e a produção de textos, relatórios e projetos pode ser feita em casa, é desnecessária a passagem diária na empresa de assessoria.

A experiência já existe, mas começando pela porta da cozinha, conforme discutimos anteriormente na questão do free fixo. Mas observamos outras experiências bem-sucedidas para jornalistas e empresas. A maioria dos correspondentes nacionais (internacionais também) de jornais e revistas já trabalha em casa.

A empresa costuma liberar uma linha telefônica e pagar a conta da internet banda larga. Os outros custos caseiros geralmente ficam por conta do contratado. Em algumas condições esse acordo é vantajoso, mas em outras não.

Na área de assessoria de comunicação não existe modelo generalizado. A maior parte das grandes empresas que contratam jornalistas free para executar *jobs* prefere que o trabalho seja realizado na agência. Pequenas empresas de assessoria, ao contrário, pedem *jobs* que possam ser executados na casa do jornalista. Mas não existe padrão nem regra. Depende do trabalho.

O requisito básico para o jornalista trabalhar em casa é um local isolado dos demais ambientes. Se você tem filhos pequenos e não tem espaço em casa, aborte a idéia e alugue um escritório. Conciliar família e trabalho nesses casos quase sempre é impossível.

Se você pretende trabalhar com assessoria de imprensa, atendendo clientes diretamente – e não indiretamente, subcontratado de outra assessoria –, deverá receber a visita de clientes, ao contrário do trabalho com veículos de comunicação. Assim, pode ser inadequado receber clientes em casa.

Para os que gostam de idéias prontas, o **kit básico** para montar uma estação de trabalho em casa é composto por:

- Dois computadores (tenha sempre um de reserva, profissional!)
- Duas linhas telefônicas (de preferência uma independente da linha residencial)
- Fax (sim, ainda existe)
- Internet banda larga
- Impressora
- Scanner (principalmente se fornecer fotos e ilustrações)
- Secretária eletrônica
- Escrivaninha
- Arquivo de matérias e referências
- Agenda de fontes

- Dicionários e enciclopédias (não confie só nas buscas na internet)
- Armário
- Minigravador (prefira os modelos que fazem gravações por telefone)
- Papel e caneta sempre à disposição
- Material de escritório e suprimentos básicos de informática (cartucho de impressora, principalmente)
- Telefone (celular, de preferência) de um técnico de informática para emergências
- Plano B (uma *lan house* próxima em caso de pane de seus equipamentos)

Em casa, só funciona se você tiver:

- Total privacidade (pelo menos em meio período)
- Disciplina (tenha horários regulares de trabalho e descanso)
- Automotivação
- Equipamentos básicos (descritos acima)
- Organização e método

ESCRITÓRIO

Se a condição econômica permitir (especialmente com carteira de clientes ativa; não queime suas economias numa aventura), monte um escritório. Detalhe: alguns frilas hoje em dia mal conseguem se sustentar no campo pessoal, quanto mais bancar uma estrutura profissional paralela. Seu tamanho terá de ser do tamanho do orçamento. O *kit* básico é o mesmo relacionado no item *home office*. Jornalistas freelancers não costumam receber visitas de clientes, ao contrário de assessores de comunicação, como destacamos antes. Por isso, luxo é dispensável ao escritório do frila de veículo de comunicação e talvez não tanto ao do frila assessor de imprensa. Vale a praticidade em um caso e a necessidade de impressionar ou receber bem de outro. Qualquer que seja a escolha, fuja da bagunça, que gera confusões improdutivas. A localização também deve ser escolhida pela comodidade de deslocamento casa–trabalho e facilidade de rápida circulação pela cidade para as reportagens ou contato com clientes. Escritório perto de estação de metrô e de vias que cortem a cidade rapidamente, em caso de metrópoles. A profissão exige muitas saídas, você sabe disso.

Pense na possibilidade de dividir o escritório no início de sua atividade independente. Convide outros jornalistas ou até relações-públicas, publicitários, *designers*, *webdesigners*, ilustradores, fotógrafos. Não tema a concorrência. Parcerias são muito comuns, e o convívio com outros profissionais do mesmo ramo ou áreas complementares é estimulante e evita o isolamento perigoso do profissional independente.

Tenha espaço para agregar um auxiliar. Faça como as grandes empresas: contrate estagiários. Eles podem ajudar na transcrição de fitas, em entrevistas externas (quando você detalha bem a pauta e as perguntas), pesquisas na internet e em bibliotecas (atenção, *nerds*, boa pesquisa ainda é feita em livros, sim!) e no plantão telefônico.

REDAÇÃO DO CLIENTE

A terceira opção é usar a estrutura do cliente. No início pode parecer cômodo, mas com o tempo você pode se transformar num free fixo, mesmo que a empresa contratante não tenha desejado isso. É no mínimo antiético utilizar a estrutura – computadores e telefones – de um cliente para atender a pautas de outros veículos ou necessidades de outros clientes de assessoria de imprensa.

A alternativa é positiva quando não se torna permanente nem usual. O cliente pode "emprestar" sua estrutura em algum momento extraordinário, por exemplo quando estamos com problemas em nossos equipamentos ou precisamos fazer uma reforma no escritório ou no *home office*.

Ter um frila tempo integral na redação também é uma opção perigosa para o cliente. Um jornalista de má-fé pode alegar que está trabalhando *full time* sem carteira assinada – mesmo que não tenha sido essa a idéia. Nesse caso, é a empresa-cliente que ficará vulnerável em termos de uma possível reclamação trabalhista.

9

PLANEJAMENTO ESTRATÉGICO
Coloque as idéias no papel e faça as contas

Antes de sair a campo prestando serviços, vale a pena planejar um pouco as coisas. Saber se é exatamente isso que você quer e se terá estrutura, tempo e habilidades para tocar o negócio. O planejamento estratégico ajuda a definir um plano de negócios.

O planejamento estratégico de negócios consiste basicamente nas seguintes etapas, de acordo com Cobra (1990), que servem para pequenas e grandes organizações:

- Definição do negócio e da missão corporativa
- Análise de cenário interno e externo
- Avaliação de recursos
- Definição de objetivos e metas
- Formulação de estratégias
- Preparação de um plano estratégico
- Formulação de programas
- Implantação do plano
- Controle dos resultados do plano

Vamos detalhar cada uma, numa adaptação do estudo de Cobra:

DEFINIÇÃO DO NEGÓCIO E DA MISSÃO CORPORATIVA
Devemos saber exatamente qual é nosso negócio. Por que nossa empresa existe? Quais são nossos clientes atuais e potenciais? De

quais recursos dispomos? Quais as necessidades de mercado a serem satisfeitas?

A missão é apoiada em crenças; em nosso caso, crenças pessoais. Fundamentos básicos que nortearão todas as atividades. Você pode definir que sua missão é defender os valores da sociedade por meio de reportagens ou elevar o nível de conhecimento da comunidade a respeito de determinado assunto, seja ele científico, cultural etc.

O foco é conseqüência da missão. Você atuará exclusivamente com fornecimento de textos a veículos de comunicação ou prestará serviços de assessoria de imprensa? Como deseja ser reconhecido no mercado?

ANÁLISE DE CENÁRIOS

Conhecer o ambiente interno e externo para avaliar com discernimento as competências pessoais, de um lado, e a atratividade das oportunidades ambientais, de outro. Avaliar periodicamente seus pontos fortes e fracos. Potencializar os pontos fortes e trabalhar para superar os fracos. Se você não tem conhecimento em uma língua estrangeira e acha que isso vai ajudá-lo a conseguir novos trabalhos, deve ter um plano para atacar esse ponto negativo. Analisar ainda as principais ameaças e principais oportunidades. O crescimento do número de freelancers pode ser uma ameaça. O aumento da terceirização, uma oportunidade.

AVALIAÇÃO DE RECURSOS

Identificar pontos carentes e suprir deficiências. Um automóvel ajuda a realizar reportagens em bairros distantes, no atendimento a clientes ou nas visitas a redações (no caso de assessores de imprensa)? Se for determinante, esse ponto deve ser atacado. Colocar um carro no plano de investimentos pessoais.

DEFINIÇÃO DE OBJETIVOS E METAS

É a fase de saber onde se está e aonde se pretende chegar. O objetivo é algo que se quer alcançar, e a meta é a quantificação desse alvo. Você pode determinar que o ideal é obter uma reportagem grande por mês, de cerca de quinze laudas, e cinco reportagens menores, de quatro a oito laudas. Ou aumentar a lucratividade em 50% num prazo de seis meses, independentemente do volume de trabalho, buscando serviços mais rentáveis. Os objetivos podem ser divididos em curto, médio e longo prazo. Para torná-los viáveis, devem ser compatibilizados, colocando-os em bases exeqüíveis – pois objetivos inatingíveis podem comprometer todo o planejamento estratégico.

FORMULAÇÃO DE ESTRATÉGIAS

Os objetivos definem aonde se pretende ir, e as estratégias devem descrever os caminhos para chegar lá. Pode ser uma diferenciação, por exemplo, uma experiência peculiar no tema agroindústria. Ou focar apenas num segmento, como revistas e editorias da agroindústria, tecnologia, transportes etc.

PREPARAÇÃO DE UM PLANO ESTRATÉGICO

Para que um plano se viabilize na prática, é preciso se responsabilizar desde o desenvolvimento da idéia até sua execução. No trabalho frila, não existirá ninguém a quem culpar pelo insucesso. Você trabalha sozinho. Os objetivos devem ser priorizados, dentro de um cronograma de programas táticos de realização. Coloque tudo no papel, definindo objetivos e datas.

FORMULAÇÃO DE PROGRAMAS

Como parte do plano estratégico, é preciso que os programas indispensáveis à sua efetivação sejam devidamente detalhados e consistentes com os objetivos e estratégias formulados. Cheque seus objetivos. Cruze-os com as datas. Veja se são factíveis ou não. Faça uma avaliação imparcial (na medida do possível).

IMPLANTAÇÃO DO PLANO

O sucesso do plano depende, além de objetivos exeqüíveis e de estratégias e programas consistentes, de uma boa metodologia para a sua implantação. Isso quer dizer que na prática geralmente a teoria é outra. O papel aceita tudo; supervisione a si mesmo, determine o número de visitas e contatos por telefone e e-mail que você fará por semana. E "cobre" a realização do plano.

CONTROLE DOS RESULTADOS DO PLANO

As mutações ambientais freqüentes podem tornar um plano obsoleto antes mesmo do seu término. Você pode ter bons contatos em uma editora e focar todo seu esforço em prestar serviços aos diversos títulos dessa empresa. Caso essa organização entre em crise, e sempre existem sinais disso, você deve estar atento para saber o momento de diversificar. Mudanças na legislação e planos econômicos governamentais também costumam afetar o ambiente do trabalho free.

É fundamental o controle, não só das datas de execução e autocobrança dos resultados, como também de atualizações imprescindíveis. As mudanças de cenário podem ser tantas que um plano básico pode acabar ganhando várias versões de alternativas estratégicas. Você pode ter definido editar pelo menos um jornal de empresa por mês e descobrir que não possui contatos nem experiência para isso, ou definir que fará cinco reportagens por mês e perceber que até consegue clientes mas não é possível entregar esse volume.

10

PROSPECTANDO TRABALHO
Vender, vender e vender.
Também é a regra em serviços

O.k., você já decidiu por se tornar um jornalista freelancer, ou um pequeno empresário de comunicação. Agora chegou o momento de procurar clientes, ou seja, trabalho. A decisão a respeito do local de atuação – em casa ou em escritório – pode ficar para depois. Comece em casa. Primeiro verifique se você realmente vai se dar bem, avalie a demanda, o tipo de trabalho que surge, se pode ser realizado em parte na redação do cliente (principalmente telefonemas interurbanos), a possibilidade de continuidade de outros *jobs* ou contratos...

Lembro de ver uma notícia em um jornal regional a respeito de uma jornalista recém-formada que estava investindo em um escritório próprio. A matéria ressaltava sua iniciativa empreendedora e mostrava a foto da jovem pintando a futura sala. Ela abriria uma assessoria de comunicação. Pensou primeiro no escritório, na estrutura básica de um ponto – escrivaninha, telefone, computador, internet. Clientes, depois. Tinha certeza de sua competência e da carência de serviços em sua cidade. Evidentemente, essa história não acabou conforme o planejado.

Prestação de serviços não é comércio. Não basta abrir um ponto para surgirem clientes, como no caso de uma loja. O profissional que opta por um escritório costuma já ter uma série de trabalhos na manga para bancar a empreitada. Isso não quer dizer que histórias como a da jovem recém-formada não possam dar certo. Descobri que nesse negócio o sucesso depende 50% de trabalho, 20% de experiência, 20% de bons contatos e 10% de sorte (ou momento conjuntural). Às vezes um principiante tem a sorte de conseguir ótimos trabalhos logo no início da carreira solo, ao contrário de um profissional mais experiente que pode até se dar mal – seja por um momento de recessão do mercado ou por estar focando seus esforços na área errada.

Foi o que aconteceu com um jornalista com passagem nas principais redações de São Paulo, que divulgou release de seu novo desafio como empresário de comunicação. Ele detalhou seu plano de ação e garantiu que a meta, no primeiro ano, era conseguir três clientes de assessoria de imprensa e quatro revistas empresariais para editar. Após um ou dois *jobs* malsucedidos, ele voltou a trabalhar de empregado. Sem alardear o fato na mídia, é claro.

Querer só não adianta. "Vivemos numa atmosfera de 'posso fazer'. E o fato é que muitas coisas não são possíveis, por maiores que sejam os nossos esforços", disparam Al Ries e Jack Trout (2003). Parece um banho de água fria em seus planos empreendedores, não? Mas a idéia não é desanimá-lo, e sim alertá-lo para que conheça bem seu potencial e o mercado. Onde está e aonde quer chegar. Seja otimista, mas não seja um fanático do "posso tudo" defendido pelos autores de livros de auto-ajuda.

Às vezes é tudo uma questão de tempo. Espere a hora certa. Uma noite, antes de morrer, Victor Hugo escreveu em seu diário: "Nada. Nem todos os exércitos do mundo serão capazes de deter uma idéia quando chega a sua hora".

Não seja pessimista, mas cuidado com o excesso de otimismo. Pense no "caminho do meio" de Buda. Como em todos os ramos, as histórias de sucesso surgem ao vento, enquanto notícias de fracassos são abafadas. Ficamos sem parâmetros para avaliar. Devemos aprender com o sucesso alheio, mas aprendemos também com experiências que não deram certo – sempre mais difícil de conhecermos.

Thomas Edison, conhecido por sua persistência nas experiências – centenas de tentativas e erros até chegar ao sucesso –, tem outro lado pouco conhecido: quando já era reconhecido e famoso por ter descoberto os efeitos da eletricidade, e se dedicava a outras pesquisas, seu laboratório caríssimo foi destruído por um incêndio. Seu filho e auxiliar saiu à sua procura durante a tragédia. Encontrou Thomas Edison olhando calmamente o incêndio do lado de fora do laboratório. O filho admirou sua tranqüilidade, e o inventor da lâmpada elétrica explicou: "Que ótima oportunidade para apagar todos os erros e começar de novo". O risco faz parte da atividade empreendedora. Quanto mais conhecimento e planejamento, menos chance de ser atingido pelo insucesso. Mas ele pode ocorrer assim mesmo, e às vezes é uma oportunidade para reflexão e mudança de rumo.

DICAS PARA AVALIAR A DEMANDA

- Caso você tenha perdido o emprego, avalie se isso não pode se tornar a alavanca para um negócio próprio que lhe traga mais satisfação profissional, mais tempo e melhor remuneração.
- Pesquise o mercado. Telefone para editores e verifique a real disponibilidade de trabalho frila. Envie sugestões de pauta. Entre em contato com assessores de imprensa e empresas que contratam assessorias de imprensa com que você teve algum tipo de relacionamento. Se ninguém responder, não existe demanda na empresa que você está contatando. Não crie falsas expectativas.
- Pense na sua experiência de fato. Qual a última editoria em que você trabalhou? Quais e quantos clientes de assessoria de imprensa atendeu? Quais setores econômicos? Avalie também de que tipo de assunto você gosta ou teria muito prazer em trabalhar.
- Alarme falso. Cuidado com a sorte de principiante: se conseguiu um trabalho free, ótimo. Mas foi sorte ou existe demanda real?

- Avalie seu caixa. Quanto dinheiro você tem para cobrir as despesas nos próximos meses? Se a situação estiver crítica, não tenha dúvidas: procure emprego e frila ao mesmo tempo.
- Tenha a humildade de reconhecer erros e recuar caso seu plano de negócio próprio não se concretize. Muitas vezes o sucesso não depende só de você. Aguarde uma nova oportunidade.

NETWORKING

Dez entre dez consultores de carreiras aconselham os profissionais em busca de nova colocação a valorizar suas agendas de telefones pessoais. A maior parte das ofertas de emprego não é publicada nos jornais, e sim preenchida por indicação. Nada mais verdadeiro no meio jornalístico, no qual o QI (quem indicou) é uma tradição. Não poderia ser diferente para os jornalistas prestadores de serviços.

Ative, portanto, sua rede de conhecimentos, seu *networking*, no jargão dos *headhunters*. O lance é procurar uma indicação para trabalho, não para emprego. Vale consultar seu círculo de amigos e seus ex-colegas de trabalho. Use sua agenda de telefones. Faça visitas. Distribua cartões. Informe que está "no mercado" oferecendo serviços frilas.

PADRINHOS

Se você tiver um "padrinho", ou melhor, uma empresa-cliente que banque sua estrutura inicial de prestador de serviços, tanto melhor. Seus primeiros meses serão mais tranqüilos. Não precisará se estressar em busca de clientes a cada dia. É uma condição atraente e cômoda para o jornalista que não quer voltar para a redação. Se for o seu caso, aproveite enquanto durar. Prospecte, porém, outras empresas, pois é um perigo eminente ficar dependendo apenas de um cliente, por melhor que aparente ser. O editor ou gerente de comunicação, seu amigo de infância, pode ser mandado embora. E se o novo não for com sua cara?

Algumas empresas contratam como freelancer o profissional que acabam de demitir. É outra situação cômoda, porém perigosa. Na cartilha neoliberal, a terceirização funciona até o ponto de a estrutura interna voltar a ser mais econômica. E isso normalmente acontece quando o freelancer começa a ganhar mais que um profissional contratado executando o mesmo trabalho. Os próprios ex-colegas ficam incomodados em saber que o frila está recebendo uma remuneração maior que o funcionário interno e começam a "melar" o trabalho ou sugerir diminuir os valores cobrados. Alguns não entendem que os parâmetros de salário e honorários são completamente diferentes. O prestador de serviço tem de bancar estrutura própria, férias, 13º salário, além dos impostos. Não entra em seu bolso o valor bruto da nota fiscal. Tem mais despesas que aquele que recebe um valor semelhante no holerite.

Mas não encare o ex-colega de trabalho como um inimigo. Ele é e será um parceiro, e talvez no futuro próximo um cliente. Entenda que, depois de um passaralho na redação, os que ficam trabalham pelos que saíram. Às vezes as empresas contratam alguns frilas para segurar a barra nos primeiros meses, mas depois normalmente acontece o passaralho dos frilas. Portanto, quem fica segura uma barra freqüentemente maior do que os que saem. Assim é o jogo. Aprenda a dar as cartas, a transformar uma situação desfavorável (como uma demissão) numa oportunidade de montar um negócio mais seguro – talvez até mais rentável.

Volto a ressaltar: não defendo o empreendedorismo como solução para o desemprego. Funciona apenas em alguns casos e para algumas pessoas. É para esses profissionais que este livro foi escrito. Não se trata de uma minoria "melhor" ou "pior" que os demais jornalistas. Empreendedorismo não é uma questão de adjetivação. É apenas outro mundo que sofre das mesmas restrições de seletividade e competitividade do mercado de trabalho.

CONTATOS

Monte um cadastro de editoras divididas por assunto e um cadastro de editorias por veículos. Selecione os veículos ou editorias de seu interesse, com nome do editor, telefones, homepage e e-mail. Esse cadastro pode ser obtido adquirindo um guia de veículos (como o do *Meio e Mensagem*), contratando os serviços de um mailing de imprensa ou pesquisando na internet.

No caso de prestar serviços de assessoria, consiga um catálogo de empresas da área e de departamentos de comunicação de empresas. Saiba quem é quem nesses locais. Quem decide, quem contrata ou pode contratar frilas.

Definidos os veículos ou empresas aos quais você se julga apto para prestar serviços, contate os responsáveis. Primeiro tente falar direto com o editor em veículos de imprensa. Caso seja complicado, procure o sub ou alguém da equipe interna de redação. Apresente-se como freelancer interessado em colaborar. Três respostas possíveis:

1. O veículo não trabalha com frilas – esqueça-o por enquanto.
2. O veículo trabalha com frilas, mas a equipe está fechada – deixe seu currículo, telefones e e-mail.
3. O veículo trabalha com frilas – envie sugestão de pauta.

Descubra quem decide pela contratação de frilas na redação: o editor, o sub, o secretário, ou outra pessoa. Faça contato com ele por telefone ou e-mail. Antes desse contato, estude o veículo e tenha na ponta da língua umas três sugestões de pauta. Se tiver a sorte de falar com o editor, já mencione suas sugestões. Assim, terá mais chances de uma decisão rápida.

Normalmente, o veículo pede que você envie por e-mail as sugestões. Envie e faça *follow-up* para saber se interessaram.

Procure agendar visita à redação para conhecer o veículo e a equipe. Nunca tive problemas com isso. Marque um horário sossegado, longe dos fechamentos. É uma excelente oportunidade para você pegar números atrasados, conversar pessoalmente com os jornalistas. É um reconhecimento mútuo.

No caso de assessoria de imprensa, o procedimento recomendado é semelhante. Primeiro monte um mailing. Ligue para assessorias ou departamentos de comunicação já previamente estudados. Verifique se a assessoria atende clientes que você conhece ou setores que você domina. Descubra quem é quem, quem decide contratações de serviços. Ofereça serviços que complementem ou enriqueçam o trabalho dos profissionais fixos, como apoio em eventos externos, cobertura de feiras, redação de releases de temas complexos de seu conhecimento, elaboração de projetos e sugestões de pautas para veículos. Pense em "pacotes" de serviços, preços por *jobs* ou valor por lauda de texto.

CORRESPONDENTE

Correspondente noticioso é outra forma de trabalho jornalístico freelance. A tendência do mercado é a empresa contratar correspondentes em regime free. Se você está em uma grande capital, como São Paulo e Rio de Janeiro, terá boas oportunidades de demanda de informações para "vender" aos veículos de outras cidades. Cada cidade ou estado tem suas peculiaridades. Em Brasília, a demanda é vender pautas políticas. No Nordeste, reportagens de turismo são bem-aceitas em veículos de outros estados.

Toda cidade tem alguma pauta relevante que interessa aos veículos de comunicação. Se você está fora dos grandes centros, fique atento a esses assuntos e contate os veículos. O ideal é ter um contrato com alguma publicação e *fee* (remuneração) mensal. Caso contrário, terá de usar a criatividade para bolar pautas cada vez mais diversificadas.

FAÇA CONTATOS

- Acesse sua agenda de telefone. Ligue para ex-colegas de trabalho, ex-clientes (se já atuou como empresário antes), ex-patrões. Ofereça seus serviços. Diga que está disponível para freelance.
- Mantenha sua vida social ativa. Almoce periodicamente com colegas, marque encontros de *happy hour*. Troque informações de mercado. Não tenha vergonha de dizer que é ou está freelancer.
- Interesse-se pelas pessoas sem hipocrisia ou desejo de levar vantagem. Não subestime colegas em posição econômica ou hierárquica inferior. O mundo do jornalismo é extremamente mutante.

SEU PERFIL

- Decida se oferecerá serviços em editorias diferentes ou em sua especialidade. Essa decisão facilitará a procura de trabalho.
- Ao oferecer serviços, nunca diga que faz freelance de reportagem e também assessoria de imprensa. Para o mercado são atividades incompatíveis. Se quiser atuar nos dois lados, nunca trabalhe como freelancer e assessor de imprensa no mesmo segmento econômico ao mesmo tempo.
- Saiba recusar trabalhos que não compensam. Se vender serviços abaixo da tabela a determinado cliente, dificilmente conseguirá trabalhar pelo valor justo nessa empresa novamente.
- Mantenha-se motivado e otimista. Administre os altos e baixos do mercado.
- Escrever bem é uma coisa. Vender matéria, outra. Atender clientes e elaborar releases, outra mais diferente ainda. Saiba se você se encaixa bem no perfil empreendedor.

DIVULGAÇÃO

Prestação de serviços é um negócio de indicação. Dificilmente um jornalista independente – semelhante ao médico, dentista ou advogado – consegue novos clientes com anúncios de jornal ou malas-diretas. Tenho visto alguns colegas frilas e empresários de comunicação desesperados em momentos de crise gastando recursos preciosos na confecção de propaganda. Nenhuma funciona nesse ramo. Exceções? São raras.

O ideal sempre é ser procurado, nunca procurar. Se os clientes minguam, ative o *networking*, volte a freqüentar cursos, seminários, feiras e almoços de negócios. Distribua cartões. Fale o que faz. Telefone para redações de publicações e assessorias que ainda não foram contatadas anteriormente. Verifique se atuam com frilas. Nunca aceite um não como definitivo. Ligue depois de alguns meses – principalmente quando muda o editor ou gerente de comunicação. Envie sugestões de pauta sem compromisso. Crie projetos.

Fora do ambiente jornalístico, o freelancer se transforma em empresário de comunicação. Freelance é um jargão de jornalistas para jornalistas e deve ser usado quando procurar trabalho de reportagem em publicações. Lembre-se de que tudo é posicionamento. Ao contatar empresas de outros setores para oferecer edição de publicações internas, externas, conteúdo de sites, assessoria de imprensa ou outros serviços correlatos, apresente-se como *empresa* ou profissional autônomo. Não se preocupe se você trabalhar em casa. Essa condição é cada vez mais comum no ramo de consultoria, e as empresas já estão acostumadas com isso quando contratam profissionais superespecializados.

GARIMPANDO INFORMAÇÕES

Conhecer o meio editorial e empresarial é a melhor forma de se manter antenado com novas oportunidades de negócios. Procure ficar bem informado a respeito do que está acontecendo na área jornalística e no mundo das assessorias de comunicação. Novas editoras, lançamentos de publicações, novas empresas, quem está atendendo quem... Leia as (poucas) publicações do setor. Acompanhe o mercado de propaganda, que alavanca investimentos em jornais, revistas, TVs e sites. Saiba quais segmentos econômicos estão em alta e quais estão declinando.

Converse com colegas jornalistas (de redação de veículos e de assessorias), troque informações. Procure participar de eventos e seminários que reúnam profissionais da sua área. Conheça escritórios de assessoria de comunicação e editoras. Veja como trabalham, como conseguem clientes, aprenda com os erros e acertos dos outros.

DICAS

- Divulgue sua nova atividade profissional para todos os conhecidos. Informe que agora está prestando serviços. Peça indicações.
- Acompanhe nos meios de comunicação especializados as novidades no setor jornalístico. Fique atento ao surgimento de empresas e produtos.
- Conheça quem é quem no setor, quem decide a contratação de serviço em cada empresa-alvo.
- Circule em eventos e feiras de negócios e fique atento a pautas a serem oferecidas.

CLIENTES POTENCIAIS

- Agência de notícias
- Editoras de revistas semanais, mensais, especializadas
- Editoras técnicas, segmentadas
- Editoras de revistas customizadas (patrocinadas por empresas)
- Editoras de revistas empresariais

- Jornais diários, semanais, especializados
- Emissoras e retransmissoras de TV
- Emissoras de rádio
- Assessorias de imprensa (*jobs* de redação de releases), assessorias de comunicação
- Departamentos de comunicação de empresas, instituições e entidades de classe
- Internet: portais noticiosos
- Universidades, faculdades, promotores de cursos (docência em cursos regulares, pós, ou cursos de extensão e pequena duração)
- Qualquer empresa que tenha ou não assessoria de comunicação

PARCERIAS

Ninguém trabalha sozinho no mercado empreendedor. Você pode ser o único funcionário do seu negócio próprio. Entretanto, em inúmeras situações você necessitará de reforços. Como todo trabalho free é normalmente temporário, não caia na tentação de contratar empregados. Busque parceiros para cada projeto, combinando com cada um a remuneração – que pode ser um valor determinado ou *metade-metade,* ou seja, em sociedade. Faça acordos justos porque você também será procurado por eles em situações inversas (nas quais você é o contratado).

O frila deve ainda estar aberto a formas de atuação. Não é porque você agora é um pequeno empresário independente que deve recusar propostas de *jobs* que exijam *full time* (por período determinado) e subordinação hierárquica. É comum ser contratado para realizar projetos especiais em editoras ou suprir necessidades temporárias de uma assessoria de imprensa – lançamento de algum produto, em eventos, coletivas etc.

Tome cuidado apenas com a oferta de trabalhos free fixos. Ficar o tempo todo numa mesma empresa sem a segurança do contrato com carteira assinada pode ser uma má idéia. Quando você for "demitido", sairá com uma mão na frente e outra atrás. Se sua remuneração for compatível, pode ser uma exceção, mas, de qualquer forma, trata-se de uma contradição no perfil do seu trabalho. Outro fator a ser levado em conta: a empresa que contrata free fixos, além de cometer uma irregularidade, prova que não é sólida. Tem problemas econômicos para manter uma equipe formal. Parece não ser um lugar de futuro.

A União Nacional dos Jornalistas da Inglaterra define o freelancer como um jornalista que trabalha para mais de um empregador. Para ficar com apenas um cliente, é melhor retornar ao mundo da CLT.

11

GERENCIAMENTO
É aqui que o bicho pega

O dia-a-dia de um jornalista freelancer é semelhante ao cotidiano em uma redação e em uma assessoria, exceto pelas habilidades adicionais que ele deve ter: gerenciamento, controle, marketing. E esse *exceto* faz muita diferença. Como empreendedor, deve aprender a administrar seu negócio próprio. Muita gente não tem vocação para isso. Outros desconhecem, mas aprendem. Não ignore essa importante fase do trabalho. Ou seja: não adianta apenas saber escrever, fazer reportagens e projetos, atender clientes e ter ampla experiência em redações. Se não agregar a isso características empreendedoras, você fracassará.

Como empregado, você muitas vezes não percebe a rotina de apoio fundamental para a execução de suas funções de repórter, editor ou assessor de imprensa. Alguém se preocupa em repor material de trabalho (como papel e canetas), manter os computadores e impressoras funcionando, pagar o provedor de acesso à internet, faturar as despesas de transporte, comprar mobiliário, contratar os serviços de faxina, pagar impostos, avaliar currículos de parceiros etc. No trabalho independente, você é o gestor de recursos. Será o responsável pelo RH, transporte, manutenção... E acredite: isso consumirá uma boa parcela do seu tempo.

Como percebemos, o freelancer é geralmente um trabalhador solitário. As tarefas administrativas de seu pequeno negócio também serão de sua responsabilidade. No início, o empreendedor é um verdadeiro faz-tudo: paga contas no banco, faz limpeza no escritório (incluindo o banheiro!) e cuida da papelada burocrática. Terceirize o que puder (dependendo de sua disponibilidade de caixa): contrate faxineira ou agência de limpeza, contador e um *office-boy*.

Quanto mais você se concentrar em sua atividade-fim (jornalismo), melhor será o resultado final do seu trabalho. Entretanto, muita atividade paralela deverá ser cuidada pessoalmente por você. Caso não se adapte, caia fora do negócio.

Quer continuar? Ótimo. Primeira lição: administre seu tempo. Tempo é dinheiro. O dia só tem 24 horas, a semana tem 7 dias e o mês 30 ou 31 dias. Certo? Não adianta querer fazer tudo ao mesmo tempo. Não descuide de sua saúde trabalhando exaustivamente ou cortando o horário do almoço. Em algumas ocasiões de fechamento você terá de fazer alguns sacrifícios, mas não mantenha isso como rotina. Lembre-se: se ficar doente, o atestado médico não servirá em nada para sua atividade. Ninguém poderá substituí-lo, mesmo que tenha uma pequena equipe de apoio.

Mantenha o equilíbrio entre corpo são e mente sã. Tenha tempo para a família, esportes e lazer. Isso não é utopia, mas necessidade, prevenção mesmo. Nos primeiros meses de empreendedorismo seu sacrifício pessoal será maior, você terá menos tempo para descanso e lazer. Agora, se isso se transformar em hábito depois de alguns anos free, algo está errado com seu negócio ou com você.

Segunda lição: planejamento. Faça um plano de negócios real. Examine as áreas em que você vai atuar e prospectar. Acople a isso um plano financeiro. Veja os recursos disponíveis. Retornando à primeira lição, seja produtivo. Comece o dia lendo o noticiário nos meios disponíveis (jornais, revistas, rádio, internet). É interessante você freqüentar uma biblioteca. Pode ser pública ou de alguma universidade, por exemplo. Nessas leituras você terá idéias para pautas, conhecerá novas fontes e receberá *insights* para novos negócios. Anote e faça cópias xerox do material que lhe interesse. Organize arquivos por assuntos.

Conheça os horários em que você é mais produtivo escrevendo. Pode ser de manhã, à tarde ou de madrugada. Separe um período no horário comercial para contatos com entrevistados, clientes e *prospects*.

Na semana de cinco dias úteis, comece a segunda-feira como um dia particular para ler mais. Passe meio dia numa biblioteca consultando publicações. Não confie apenas no noticiário curto da internet. Determine outro dia da semana para contatar novos clientes, mesmo que você esteja cheio de trabalho. Prospecte sempre, e não somente quando estiver sem trabalho.

CICLO DA PRODUÇÃO FREELANCE

Em determinado momento, você deverá administrar a seguinte situação:

PRODUÇÃO PARA VEÍCULOS

- Prospectar novos clientes (contatos telefônicos, e-mails e visitas)
- Enviar sugestões de pauta para clientes atuais e aprová-las;
- Iniciar novas pautas procurando fontes e pesquisando assuntos
- Entrar em contato preliminar com as fontes agendando entrevistas
- Fazer entrevistas por telefone, e-mail e pessoalmente
- Redigir a matéria
- Revisar
- Entregar
- Fazer correções a pedido do editor
- Fazer eventualmente novas entrevistas e acrescentar material
- Entregar última versão
- Pesquisar novas pautas

PRODUÇÃO PARA ASSESSORIA DE IMPRENSA

- Prospectar novos clientes (contatos telefônicos, e-mails e visitas)
- Enviar sugestões de pauta para clientes atuais e aprová-las
- Iniciar novas pautas procurando fontes e pesquisando assuntos
- Fazer entrevistas por telefone, e-mail e pessoalmente
- Redigir o release
- Revisar
- Entregar/aprovar
- Fazer correções a pedido do cliente
- Fazer eventualmente novas entrevistas ou pesquisas e acrescentar material
- Entregar/aprovar a última versão
- Separar mailing de imprensa
- Enviar release
- Fazer *follow-up* com a mídia
- Atender a solicitações da imprensa, geradas por releases ou espontâneas
- Marcar eventual contato entre jornalista e sua fonte/cliente
- Pesquisar novas pautas
- Marcar reunião de avaliação mensal com o cliente

Tudo isso acontece quase ao mesmo tempo. É o ciclo do trabalho freelance. Portanto, enquanto você estiver trabalhando numa pauta já "vendida", fazendo entrevistas, deverá separar uma parte do dia ou outro dia da semana para prospectar novos trabalhos e pensar em outras pautas simultaneamente. Não funciona você pegar um serviço, se dedicar *full time* a ele – da pauta à entrega do material – e só depois do texto aprovado sair em busca de outra pauta. A decisão de novas matérias, no caso de produção editorial, requer um tempo, principalmente se você não for um colaborador eventual, com número determinado de matérias por mês.

CICLO DA ADMINISTRAÇÃO FREELANCE

Você também deverá administrar a seguinte situação:

1. Agendar datas de pagamento de contas e impostos.
2. Agendar datas de pagamentos a receber.
3. Verificar se o item 2 cobre o item 1.
4. Gerenciar a parte operacional e administrativa do negócio.

Compare seu ciclo de produção com o ciclo de administração. O primeiro deve atender às necessidades financeiras do segundo. No planejamento determine sua capacidade de trabalho durante um mês. Quantas matérias é possível elaborar? Quantos clientes ou contas é possível atender? Não seja extremamente pragmático dispensando matérias e clientes que exijam mais pesquisa e tempo. Faça um planejamento trimestral no papel ou no computador visualizando quando suas matérias começam, qual o prazo de entrega e o prazo de recebimento. Assim, você saberá que é possível elaborar um número "x" de matérias pequenas, para execução e recebimento rápido (em uma semana, por exemplo), outro "x" de matérias de média duração (duas ou três semanas) e matérias mais sofisticadas que exigem apuração e execução de mais de um mês. Nunca fique entusiasmado em excesso com uma pauta cujo tema seja maravilhoso para você. É possível passar um mês inteiro trabalhando apenas numa pauta? Caso negativo, essa grande matéria deverá ser feita aos poucos, enquanto elabora outras matérias menores ao mesmo tempo. O mesmo é válido para o trabalho de assessoria.

A situação ideal no planejamento do frila ocorre quando ele tem clientes fixos e habituais, com o acordo (mesmo verbal) de entregar determinado volume de trabalho em troca de determinado pagamento mensal. Nunca se acomode nessa situação aparentemente confortável. Sempre prospecte e tenha novas opções de trabalho. Caso contrário, você será um frila executando trabalho de empregado, ou um empresário com um único cliente.

Ficará acomodado com esse acordo e quando ele acabar (todo trabalho frila acaba, acredite) estará desorientado como um desempregado. A área de assessoria de comunicação permite contratos mais fixos e de médio e longo prazo, ajudando a fazer um melhor planejamento de trabalho e financeiro. Mas sempre surgem os *jobs* de curta duração.

Caso tenha uma pequena equipe, deverá aprender a gerenciar recursos humanos. Dividir tarefas, coordenar, orientar, avaliar e motivar pessoas. Essa equipe pode ser uma secretária, um estagiário ou outro jornalista. Opte por uma equipe mínima e terceirize colaboradores, como fazem com você. O trabalho frila tem ciclos de maior e menor atividade. Nunca monte uma superestrutura, pois fatores conjunturais podem diminuir as atividades nos meses seguintes.

12

PRODUÇÃO EDITORIAL
Fazer sem chefe é outro negócio

Aqui, novamente, o trabalho freelance se diferencia da função fixa nas redações. O frila tem maior autonomia para produzir uma pauta. Não terá o apoio de um departamento de pesquisa nem um editor ou colega próximo para tirar dúvidas ou trocar idéias. Isso não impede de manter contato com seu cliente-editor e com outros frilas para discutir o conteúdo.

Entretanto, a prática será o trabalho solitário mesmo.

O freelancer é um repórter e um editor ao mesmo tempo. O mercado hoje exige que o frila bole pautas (pauteiro), execute-as (repórter), edite o material (editor), revise (revisor) e entregue em tempo hábil. Várias funções acumuladas. A edição geralmente requer sugestão de fotos. Alguns agendamentos de reportagens externas deverão ser combinados com o fotógrafo do veículo – quando o repórter e o fotógrafo trabalham juntos. Em determinadas empresas, o frila envia a sugestão de pauta de foto com relação e telefones dos entrevistados e o fotógrafo se encarrega de cumpri-la.

Para sugestões de pauta, o frila deve estar "antenado" com diversos assuntos. Deve ler o máximo de jornais e revistas possível.

Frila e editor-cliente discutem a pauta detalhando a abordagem e possíveis fontes. O cliente não pode se eximir dessa parte. Alguns têm confiança nos frilas e deixam o colaborador livre para pautar e entregar matérias. É um excesso de confiança perigoso para o frila. Dará margem para futuras recusas de textos e prejuízo de tempo para o repórter.

A pauta nunca é totalmente rígida. Novas fontes podem surgir durante a apuração; a matéria pode tomar outros rumos, exigir maior ou menor número de laudas. Informe seu editor dos rumos que sua matéria está tomando.

Durante a apuração, mantenha atualizado seu banco de fontes. Pergunte sempre ao entrevistado se ele conhece ou recomenda outros especialistas para falar no assunto pautado. Pesquise especialistas acadêmicos no banco de fontes de universidades – o da USP é ótimo.

Mantenha relacionamento com assessores de imprensa de empresas, universidades, associações e entidades de classe, para ajudá-lo na busca de fontes.

Cadastre-se como freelancer nos serviços de mailing de imprensa do Maxpress e Comunique-se, para receber releases de áreas de seu interesse. Acesse as *homepages* dessas empresas em busca de sugestões de pautas. Participe de coletivas à imprensa.

Na produção do texto, conheça as normas do veículo e seu manual de redação. A entrega do material na data prevista é o diferencial do bom frila. Os freelancers pára-quedistas, iniciantes e os que fazem bicos costumam se queimar nesse item. Entregue sempre no prazo combinado. Sem desculpas. Se tiver problemas com a pauta, avise com antecedência.

O texto deve estar semi-revisado (revisão profissional só com um revisor mesmo) e dentro das normas da redação. Não faça o editor perder tempo com alterações básicas no texto – como adaptá-lo às normas editoriais do veículo. O frila oriundo de grandes redações costuma ser arrogante nesse aspecto, escrevendo segundo as normas de seu antigo jornal ou revista. Tenha a humildade de conhecer o manual (se existir) ou as normas de redação do cliente.

Procure entregar o texto formatado no padrão da produção gráfica do cliente (corpo, fonte, entrelinha etc.); faça intertítulos padronizados, sugira títulos e legende as fotos. Tudo isso facilita o editor e agiliza o fechamento.

PAUTA

- Novidade
- Exclusividade
- Ineditismo
- Relevância
- Curiosidade (matéria fria)
- Adequação ao perfil do veículo/editoria
- Praticidade (avalie se realmente você terá condições de cumprir a pauta)

ENTREGA DO MATERIAL

- Revisado (conheça o manual de redação do veículo)
- Formatado nos parâmetros do veículo
- Com telefones e e-mails das fontes
- Sugestão de fotos
- Sugestão de título
- Nunca inclua uma fonte que você não entrevistou de fato
- Cumpra religiosamente a data de entrega combinada
- Avise o editor a respeito de problemas de percurso e possíveis atrasos

13

PRODUÇÃO/ASSESSORIA
Fazer sem chefe
continua sendo outro negócio

O assessor de comunicação freelance presta serviços a alguma assessoria ou atende clientes diretamente. Na primeira situação, ele será
uma peça na engrenagem. É contratado para fazer um atendimento
específico, escrever e aprovar releases, elaborar relatórios, pesquisas,
dossiês, ou participar de alguma coletiva ou evento. Entrega o material ou executa o *job* e recebe pela produção. Semelhante à situação
anterior de produção editorial. Valem aqueles critérios.

A diferença está no segundo caso, quando o assessor tem alguma carteira de clientes que atende diretamente. O trabalhador
independente e solitário deverá pensar sozinho no cliente como
um todo e suas necessidades. Assessoria não é só escrever releases.
Muitos jornalistas se enganam nisso. Parece produção editorial,
mas não é. Deverá estudar o cliente, seus produtos e serviços, seu
setor econômico. Prever riscos e oportunidades que geram pautas.
Fortalecer a imagem institucional ou solucionar problemas de
exposição. Pensar na comunicação interna e externa. Administrar
crises. Ajudar o marketing e o RH do cliente. Focar o seu trabalho
para os resultados esperados pelo cliente (que pode ser quantifica-
do em maior venda, quando atua divulgando produtos).

Ninguém virá ao seu encontro lhe socorrendo, como acontece
em assessorias de médio ou grande porte. Você terá de pensar em
tudo sozinho. Conte com a opinião de outros colegas assessores.
Mantenha relacionamento formal e informal com seus "concorrentes". Participe de entidade de classes.

Tenha um banco de colaboradores multidisciplinares para ajudá-lo em situações mais complexas, como gestão de crise, elaboração de projetos (culturais, educacionais), entre dezenas de outras situações ou projetos que surgem. O plano de trabalho que acompanha o orçamento já prevê o que você fará (e o que necessitará recontratar). Mas sempre surgem situações inesperadas nas quais o cliente pede ajuda.

Detalhe em seu plano o que você faz e fará e explique ao cliente o que não foi combinado e o que está fora de seu escopo. É comum o cliente de assessoria achar que qualquer problema é da alçada da mídia e assim uma tarefa do assessor terceirizado.

Quando o cliente é o departamento de comunicação de uma empresa ou instituição, o cuidado é redobrado. Apesar de estar falando de profissional para profissional, deixe claro o que é função sua, terceirizada, e o que é do cliente. Quando tudo vai bem, esse cliente comemora e esquece você. Quando algo dá errado, a culpa... Bem, você conhece essa história. A corda sempre arrebenta do lado do assessor terceirizado.

Desenvolva habilidades comportamentais/humanas além de sua capacidade técnica. O bom atendimento em serviços de assessoria é tão importante quanto a execução formal do processo de comunicação.

14

FORMATAÇÃO DE PREÇO
Lucro é resultado de receita
menos despesas: tem de sobrar algum

Quanto custa um serviço freelance? Boa pergunta! Saiba que não existem parâmetros rígidos. Os sindicatos de jornalistas de cada estado possuem suas próprias tabelas "de sugestão de preços de serviços editoriais e de assessoria". Algumas empresas cumprem essa tabela, outras não (para mais ou para menos). Alguns jornalistas freelancers aceitam trabalhar abaixo dessas tabelas (depende até do volume), muitos trabalham com esses valores à risca e outra pequena parte cobra mais do que está definido pelo sindicato. A maioria ignora essas tabelas (principalmente no setor de assessoria).

A tabela do sindicato é um bom parâmetro para quem está começando. Mas existem variáveis que ela não contempla. Cada reportagem possui seu grau de dificuldade, despesas operacionais próprias e até riscos, que deveriam ser computados. Sem contar o tempo disponível. Às vezes um texto de uma lauda dá mais trabalho e exige mais saídas, pesquisas e telefonemas que uma reportagem de cinco páginas. A relação volume de texto × dificuldade × riscos × tempo deve ser considerada. Calcule bem todas as variáveis antes de fechar um orçamento e discuta isso francamente com o cliente. Não fique ansioso para conquistar um novo negócio. Acredite: muito freelancer "quebrou" por aceitar um trabalho aparentemente bom, bem remunerado, mas cujas despesas e tempo disponível superaram o lucro. Depois de acordado um negócio, poucos editores aceitam rever a remuneração, mesmo sabendo que o trabalho está dando prejuízo ao contratado.

Em assessoria de comunicação, é quase impossível basear-se numa tabela, pois o critério de preço por lauda, por exemplo, não se enquadra nem no caso de redação de release. Releases curtos, de poucas linhas e parágrafos, podem ter exigido horas e dias de pesquisas e aprovações. Não é possível ter o mesmo critério do preço de lauda. Assessoria executa outras funções intelectuais difíceis de ser divididas em tabelas. O ideal é o parâmetro tempo × custo. Quanto tempo terei disponível para atender a essa conta? Quanto vale esse tempo? Não se esqueça de computar despesas operacionais – telefonemas, viagens, xerox, motoboy. Combine previamente com o cliente o que está embutido no preço e o que será cobrado à parte.

De qualquer forma, pesquise as tabelas freelance dos sindicatos regionais.

15

MARKETING DE SERVIÇOS
A arte de adequar nosso talento às necessidades do cliente

O ramo de serviços exige habilidades específicas. Como empregado, o jornalista desconhece o jogo do mercado para conquistar clientes. Esse é um problema da área comercial do empregador. Na faculdade, o marketing também é estudado (quando existe na grade curricular) do ponto de vista do negócio empresa jornalística – editora. A questão empreendedora não existe.

Para o freelancer, a ciência que rege sua relação com o mercado é o marketing de serviços. Vale a pena conhecer seus conceitos. O marketing de relacionamento estará incluído na discussão, e depois falaremos de marketing de nichos.

Ter um bom serviço, ser um ótimo jornalista, não basta para o freelancer. "É preciso administrar a demanda de serviços por meio da força do marketing", ensina Cobra (1987) ao falar de empresas em geral.

Christian Grönroos (1995, p. 175), um dos maiores especialistas mundiais em marketing de serviços, complementa a definição de Cobra:

> O marketing deve estabelecer, manter e ressaltar (normalmente, mas não necessariamente, sempre a longo prazo) os relacionamentos com clientes e outros parceiros, com lucro, de forma que os objetivos das partes envolvidas sejam atendidos. Isto é alcançado por meio de troca mútua e do cumprimento das promessas.

Primeira característica do segmento freelance: o resultado do trabalho é mais intangível do que tangível. A reportagem, o texto final, é um produto bem tangível, mas a compra dele envolveu decisões intangíveis por parte do cliente, como a confiança no jornalista que o produziu. O produto final jornalístico tem fatores de intangibilidade de acordo com a percepção de cada editor: a qualidade e a "limpeza" do texto, o cumprimento dos prazos... O elemento humano é o diferencial.

Conhecendo os múltiplos fatores envolvidos na qualidade de seus serviços, o frila profissional estabelece um plano de negócios e monta um estudo de marketing analisando o ambiente externo, seus pontos fortes e fracos, a concorrência e outros itens do composto do marketing.[16]

SATISFAÇÃO DO CLIENTE

A satisfação do cliente é o elemento fundamental na noção de serviço. Um texto pode ser considerado bom por um editor e ruim por outro. Excetuando-se problemas reais de apuração, estilo, ou adequação da reportagem ao público e ao padrão do veículo, existe uma grande margem de intangibilidade na decisão de um editor ao analisar um produto jornalístico. E o trabalho de assessoria? Existe algo mais intangível do que esse? Como o cliente avalia o trabalho do freelancer? Por volume de *clipping* de matérias, pela qualidade desse *clipping* ou por outros fatores que envolvem a assessoria?

O freelancer deve entender isso, saber a real necessidade do cliente e buscar aprimorar-se no relacionamento humano. Não significa ser um puxa-saco, mas procurar compreender o outro, o interlocutor, o cliente. Entender suas necessidades, pontos positivos e fraquezas, bem como as necessidades do veículo – no caso de produção editorial –, seu público-alvo e a estrutura de trabalho do editor.

16 Os itens a seguir são adaptados das obras citadas de Marcos Cobra e de Christian Grönroos.

Conhecendo o quadro geral, podemos ajudar em novas pautas e entender as necessidades do cliente de assessoria, que pode ter parâmetros de avaliação completamente diferentes do que o frila pensa.

Em resumo, a maior satisfação do editor é receber o texto com qualidade e no prazo – além, é claro, de pautas pertinentes, que ajudem a manter o bem desempenho do veículo. O caso do assessor é mais complicado. Múltiplos fatores envolvem a relação e a percepção do que é o resultado final da assessoria.

Christian Grönroos (1995) acrescenta que não bastam conhecimentos técnicos nesse segmento (de serviços), ressaltando o aspecto qualidade: "Hoje, as empresas prestadoras de serviços compreendem que a concorrência é tão intensa que meras soluções técnicas oferecidas aos clientes não bastam para criar uma posição competitiva". Outros valores agregados devem estar inclusos. O freelancer transforma-se em um consultor editorial, ajudando a otimizar os negócios do cliente-publicação e facilitando a vida do cliente-editor, e transforma-se num consultor de negócios, um co-gestor do marketing e dos recursos humanos do cliente. Ajuda na venda de produtos, no fortalecimento da imagem institucional, na motivação dos funcionários.

Como é percebida a qualidade total do serviço? Grönroos (1995) cita estudos científicos ("A conceptual model of service quality and its implications for future research", de Zeithaml, V. A. e Berry, L. L., *Journal of Marketing, American Marketing Association*, 1985) que sugerem uma lista de dez fatores – cuja linguagem adaptamos ao nosso caso: confiabilidade, rapidez de resposta, competência, acesso, cortesia, comunicação, credibilidade, segurança, compreender/conhecer o cliente e fatores tangíveis.

1. CONFIABILIDADE envolve coerência no desempenho e constância.

- O freelancer desempenha o serviço de forma correta na primeira vez. Sem trabalhos adicionais. Texto e apuração impecáveis, produto final que não precisa ser refeito nem necessita de novas fontes. Informações checadas. Nomes e cargos corretos dos entrevistados.

- Precisão no faturamento. Nota fiscal chega em tempo hábil para a empresa faturar. Valores sem erros, preenchimento correto.
- Execução do serviço no tempo previsto. O frila cumpre o que promete, dentro do prazo.

2. RAPIDEZ DE RESPOSTA diz respeito à disposição e à rapidez nos seguintes casos:
- Serviço prestado em tempo adequado. Todas as solicitações que o cliente fizer, no andamento do processo, são cumpridas.
- Chamada telefônica rápida de volta ao cliente. Se você cometeu um erro, não fique fugindo do cliente. E esteja sempre disponível, mesmo que esteja atolado de outros serviços.
- E-mails respondidos rapidamente. Mesmo caso anterior.
- Prestação imediata de serviço assim que fechado o negócio. Comece logo a trabalhar, e não na proximidade da entrega do texto.

3. COMPETÊNCIA significa possuir as habilidades e o conhecimento necessários.
- Conhecimento e habilidades de contato com clientes. Saiba relacionar-se com pessoas e não enxergue o cliente apenas como um numerário em sua conta bancária.
- Capacidade técnica na execução do serviço. Sem isso não dá para continuar. Ou você é jornalista ou não.

4. ACESSO envolve facilidade de abordagem e de contato.
- O serviço é facilmente acessível por telefone ou e-mail. O cliente pode solicitar novos serviços rapidamente por fone ou e-mail.

- Local conveniente de execução dos serviços. Seu ambiente de trabalho deve ser adequado e interagir com o cliente. É imprescindível o atendimento por celular também.

5. CORTESIA abrange boas maneiras, respeito, consideração e contato amigável.
- Consideração pela propriedade do cliente. Não saia detonando o nome da editora e do veículo só porque teve algum tipo de desentendimento com o editor. Se você utilizar eventualmente o espaço do cliente para trabalhar, não abuse. Cuide dos equipamentos como se fossem seus.
- Aparência limpa e arrumada na hora de contato com o cliente. Saiba se portar de acordo com o ambiente. Quem trabalha para veículos pode usar traje mais informal (com limites, evidentemente). Em assessoria, a formalidade da roupa é fundamental.

6. COMUNICAÇÃO significa manter os clientes informados, em linguagem que possam compreender. Também significa ouvir os clientes.
- Explicar o serviço em si, como ele será executado. Evite mal-entendidos (muitas vezes você não explicou direito como vai executá-lo e depois culpa o cliente como se ele não tivesse entendido).
- Explicar quanto custará o serviço. Combine sempre antes.
- Explicar as relações entre custo e serviço. Muitas vezes o preço da tabela frila não é suficiente para cobrir os custos operacionais de uma pauta e de um serviço de comunicação. Esclareça isso quando o cliente falar em tabela.
- Assegurar ao cliente que ele receberá atenção para resolver seus problemas. Sempre é bom ressaltar de novo esse item.

7. CREDIBILIDADE inclui confiança, crédito, honestidade e envolvimento com os interesses do cliente.

- Nome do frila. Cuide de sua imagem institucional. O mercado é pequeno e, se você pisar na bola, a mancada se tornará conhecida.
- Reputação de sua empresa. O nome de sua empresa, quando você é pessoa jurídica, confunde-se com seu próprio nome.
- O grau de venda sob pressão envolvido nas interações. Aprenda a trabalhar sob pressão. Isso é típico do trabalho frila. Se não gostar, mude de ramo.

8. SEGURANÇA é estar livre de perigos, riscos ou dúvidas.
- Segurança física. Você trabalha numa espelunca e seu escritório foi invadido por vândalos ou pegou fogo? Perdeu todos os textos que estava produzindo? Seu bairro é perigoso e roubaram seu carro com todas as anotações das entrevistas e das reuniões com o cliente, o *briefing*? Dançou.
- Segurança financeira. Nada mais desagradável para o cliente que o frila ter problemas financeiros que afetam a qualidade do trabalho. Todos temos problemas eventualmente. Não deixe no vermelho a conta em que será depositado o pagamento do serviço executado (você trabalhará e terá a sensação de não ter recebido, pois o valor caiu no "buraco negro"), e certifique-se de que não esteja bloqueada por algum motivo (o departamento financeiro terá de fazer novo depósito...). Ou ainda você está sem dinheiro para colocar gasolina no carro ou pegar condução. E gastou o adiantamento de despesas que conseguiu para pagar uma prestação em atraso.
- Confidencialidade. Pauta é segredo. Nunca comente com outros frilas os temas da reunião de pauta do cliente e os assuntos tratados com o cliente em geral, principalmente informações sigilosas a que você tem acesso quando vai divulgar produtos. Depois não saberá explicar a coincidência de ver publicada em outro veículo aquela pauta maravilhosa e inédita na qual você estava trabalhando, ou de presenciar aquela informação confidencial vazar na mídia.

9. Compreender/conhecer o cliente envolve fazer um esforço para compreender as necessidades do cliente.

- Conhecer as exigências específicas do cliente. Cada caso é um caso. Cada cliente é um cliente. Como dizem por aí: "Uma coisa é uma coisa; outra coisa é outra coisa".
- Dar atenção individualizada. Não pasteurize seus contatos. Alguns clientes exigem maior atenção; gostam de conversar mais sobre alguns aspectos da pauta que você julga desnecessários.

10. Fatores tangíveis incluem evidência física do serviço:

- Aparência pessoal. Já falamos sobre isso. Cuide-se.
- Ferramentas e equipamentos utilizados para fornecer o serviço. Tenha seu antivírus atualizado para não infernizar o computador do cliente.
- Representações físicas do serviço (cartões etc.). Mostre que você existe, que tem nome e empresa, que tem equipe (fixa ou eventual) e não faz bico. Monte um portfólio e tenha uma página na internet.

CONCORRENTES

Em virtude do grande número de freelancers no mercado, cada um necessita estabelecer uma "vantagem competitiva" para se diferenciar. Isso significa uma especialização em algum assunto ou bons relacionamentos em certas redações. Determinação, constância e bons contatos fazem diferença nesse mercado, em que sempre estão disponíveis bons profissionais para prestar serviços.

Empreendedorismo é sinônimo de diferenciação, de inovação. Seu trabalho deve ser único, especial, com alguma vantagem e superioridade que o cliente não enxerga em outro concorrente. Nunca se diferencie pelo preço baixo. Preço e valor são coisas diferentes. Preço é aquilo que está pregado na etiqueta de um produto na prateleira do supermercado. Valor é a percepção de que determinado produto ou serviço é importante.

SEGMENTAÇÃO

É sempre interessante segmentar o mercado. Foque nas áreas de sua especialização: esporte, educação, tecnologia... Geralmente o frila de texto é especializado em mais de uma. Defina a principal e as secundárias. O mesmo vale para trabalhos de assessoria. Vai atender a contas de tecnologia? De saúde? De beleza? De uma, algumas dessas ou todas? A segmentação também acontece pela localização geográfica (determinando uma região onde você atuará). São Paulo, por exemplo, centraliza muitas empr esas jornalísticas e é o foco de grande número de frilas de textos.

MARKETING DE NICHOS

Aqui desenvolveremos melhor o conceito de segmentação. Vamos adaptar ao nosso mundo jornalístico o *best-seller Marketing de nichos*, de Robert Linneman e John Stanton (1993). Hoje, menores mercados podem significar maiores lucros. O freelance (reportagem) ainda é um mercado pequeno. A assessoria de imprensa também era um negócio pequeno nos anos 1970 e início de 1980, antes de seu *boom*. Revistas técnicas, dirigidas, segmentadas e customizadas também eram o patinho feio da área editorial. Seu nicho hoje é altamente rentável, e até tradicionais empresas de revistas de banca, como a Abril, possuem um departamento de publicações customizadas.

Será que o mercado frila crescerá verticalmente (no tamanho da empresa)? Talvez não, talvez cresça apenas horizontalmente, ou seja, no volume, na demanda. Talvez sim, talvez seja o embrião de futuras grandes agências de conteúdo, aproveitando a capilaridade dos meios eletrônicos como a internet e as facilidades crescentes das comunicações – incluindo as novas opções de telefonia barata, como o Skype. Avalie que tipo de crescimento você quer ter.

Qual é o nicho do freelancer? Em texto ou em frila para assessorias, ele atua onde os clientes não desejam mais atuar: em determinado volume ou especificidade de cobertura jornalística. O negócio é tornar-se grande por meio de pequenas ações. Aliás, essa é exatamente a estratégia que muitas das maiores empresas do mundo seguiram e ainda seguem.

A primeira regra do sucesso do marketing de nicho é fidelidade e dedicação. Se você considera o trabalho frila como um bico, nunca prosperará nele como empreendimento.

COMPORTAMENTO DO CLIENTE

O cliente do freelancer não é um grupo homogêneo. Em geral são editores que buscam suprir necessidades de reportagens em seus veículos com equipes externas eventuais ou fixas, assessores que contratam frilas para reforçar equipes de *jobs* ou fortalecer atendimentos especializados, profissionais de comunicação em empresas, gerentes de RH ou marketing ou mesmo o dono do negócio que contratam diretamente assessores. Cada um deles terá uma relação peculiar com os frilas do ponto de vista psicológico. Semelhante ao comportamento de um chefe num emprego fixo. Você deve entender esses tipos humanos e ser profissional a ponto de não misturar profissionalismo com *sensações* de relacionamento pessoal.

O cliente tem todo direito de cobrar o frila, apertar para o cumprimento dos prazos etc., como numa relação de trabalho. Sem exageros, é claro. Seu bom senso determinará quando o cliente está passando dos limites no campo do respeito profissional. A decisão de encerrar um trabalho é mais rápida para quem contrata um frila do que para um empregador em relação a um funcionário. O freelancer costuma decidir mais rapidamente encerrar um relacionamento com o cliente em comparação a um funcionário que está pensando em pedir as contas.

Como freelancer, não temos tempo de administrar humores. Clientes que complicam a relação por picuinhas atrasam a produção e estressam o jornalista. Fuja desses tipos. Não existe perfil ideal de cliente. Saiba conhecer os profissionais que colaboram e não atrapalham o andamento do seu trabalho.

COMUNICAÇÃO

Para vender um serviço, continua Marcos Cobra, é preciso que o comprador em potencial o conheça. E, para tornar um serviço conhecido, há duas maneiras:

■ Uma lenta e gradual persuasão, decorrente da recomendação de quem já comprou seus serviços ou da necessidade detectada por você.
■ Outra persuasão, esta decorrente do estímulo gerado pela divulgação do serviço.

Como já mencionamos, a divulgação tradicional, com anúncios e malas-diretas, não funciona no ramo de prestação de serviços de comunicação. Isso vale para os frilas de texto, assessores de imprensa, relações-públicas e similares. Um trabalho puxa o outro, e com o passar do tempo você não saberá mais vender seus serviços, pois gerará uma demanda espontânea. Quando o trabalho mingua, muitos empresários de comunicação e frilas não sabem mais o que fazer. A saída é quase sempre contatar ex-clientes, amigos empresários ou *prospects* de setores que você conhece.

Vejamos o que ensinam os teóricos do marketing de serviços. Algumas de suas conclusões são interessantes para nós.

Um serviço pode ser divulgado pelo uso da palavra-chave AINDA, na terminologia de Marcos Cobra:

■ ATENÇÃO: para chamar a atenção para um serviço é preciso um bom *lobby* a fim de obter penetração nos setores empresariais. Nesse caso, vale a pena até divulgar por uma mala-direta que você está "disponível no mercado". Talvez você não tenha nenhum retorno imediato, mas seu nome começará a circular.

- **INTERESSE**: a promoção de vendas é um recurso utilizado pelos marqueteiros para vender serviços. Podemos adaptá-la à nossa realidade com ações que despertem o interesse por nosso trabalho. Uma boa *homepage*, artigos assinados, a repercussão de uma matéria sua num veículo...
- **DESEJO**: o *merchandising* visa estabelecer o desejo perante localização estratégica em pontos-de-venda. O produto do freelancer é ele mesmo. Deve circular nas redações e eventos jornalísticos, ver e ser visto.
- **AÇÃO**: é preciso vender seu serviço. Ser proativo, ligar para redações, enviar e-mails.

A falta de conhecimento dos serviços que você vende e das necessidades de seus clientes impede, via de regra, a boa venda. Se você é especialista em mercado financeiro e não entende nada de moda, não adianta oferecer seus serviços a revistas de moda. E, entendendo de mercado financeiro, você deve conhecer as características de cada publicação desse segmento e o perfil dos leitores.

Em assessoria isso até é possível, pois você é especializado em divulgação – é seu cliente quem deve entender do negócio. De qualquer forma, o assessor deverá estudar rapidamente a empresa do cliente e seu setor econômico.

Como diz Marcos Cobra (1987, p. 7): "A boa venda é sobretudo decorrente de uma necessidade satisfeita de ambos os pólos, comprador e vendedor. O comprador necessita de algo e o vendedor precisa sobreviver: vendendo!"

O processo de vendas parece simplista, mas não é. Admita: o jornalista freelancer precisa aprender a vender. O cliente também vende. Sua revista ou jornal vendem anúncios. Empresas vendem produtos e serviços. Procure entender as necessidades do marketing do cliente. Muitas vezes descobrimos nichos de reportagens, edições especiais, eventos ou outros serviços que podemos oferecer ou ajudar a formatar.

Gerald Weinberg, autor de *Consultoria: o segredo do sucesso* (1990, p. 195), lembra-nos de que "a melhor maneira de conseguir clientes é ter clientes". E o mercado detesta abordagens desesperadas de jornalistas freelancers que estão sem trabalho. Prospecte com calma, normalmente, sem ansiedade.

Um cliente satisfeito é o melhor marketing de serviços. Matéria impecável, prazo cumprido, bom relacionamento. Release perfeito, bom relacionamento com a mídia. O cliente deseja ter confiança no frila. Confiança em seu texto, em sua bagagem cultural, em seu conhecimento do setor e da mídia, em seu prazo de entrega e em seu caráter.

VENDAS CONTINUADAS

Vamos ao que interessa: o conhecimento do marketing ajuda a entendermos como conquistamos e mantemos clientes. Ou seja, como sobrevivemos. O marketing funciona fazendo promessas e cumprindo promessas. Fácil, não? Devemos recorrer novamente a Grönroos e seu Modelo de Três Estágios no Ciclo de Vida do Relacionamento com o Cliente:

ESTÁGIO	OBJETIVOS DO MARKETING	FUNÇÕES DO MARKETING
Estágio inicial	Criar interesse na compra e em seus serviços	A tradicional função do marketing
Processo de compras	Transformar o interesse geral em vendas (primeira compra do serviço)	A função tradicional do marketing e a função interativa do marketing
Processo de consumo	Criar vendas repetidas, e relacionamentos duradouros com o cliente	A função interativa do marketing

Conhecendo esse ciclo, você entenderá como a qualidade nos serviços determinará novos pedidos de pautas e a indicação de seu nome em outros veículos. Entendendo qualidade como um misto de competências técnicas, de relacionamento e operacionais, conforme já discutimos.

E quanto à prospecção? Sim, deve ser feita sempre. Tratamos disso no capítulo 10. O freelancer também é um vendedor. Vende sua imagem quando prospecta um novo cliente; vende uma pauta a novos ou antigos clientes. Essa habilidade pode ser desenvolvida se o frila estiver devidamente motivado. "Peixes têm de nadar", filosofam Herb Greenberg, Harold Weinstein e Patrick Sweeney na obra *As 6 qualidades do supervendedor* (2002). Essa é a questão. Nem todo jornalista nasceu para ser vendedor, nem todo jornalista é apto para gerenciar um negócio próprio. Além disso, os mais bem-sucedidos e mais produtivos na carreira conseguiram satisfazer, ao mesmo tempo, todos os motivadores: a atividade, os aspectos material e social e o crescimento. Se você não gostar do jogo, não gostar de sua profissão e de sua condição frila, volte à condição de empregado fixo ou mude de ramo.

16
ÉTICA
Sim, é preciso falar nisso

No capítulo "Como ser digno de confiança", da obra *Consultoria: o segredo do sucesso* (1990), Gerald Weinberg detalha algumas "leis" da prestação de serviços:

- Levam-se anos para ganhar a confiança e apenas momentos para perdê-la.
- As pessoas não lhe comunicam quando deixam de confiar em você. Simplesmente cortam o trabalho.
- Evitar todos os truques é o truque para merecer confiança.
- Aos próprios olhos, ninguém nunca é mentiroso.
- Mesmo que o cliente peça, nunca seja desonesto.

Parece ser desnecessário discutir ética, quando ela deveria ser a base de todos os relacionamentos pessoais e profissionais. Ao contrário do empregado, que costuma ter mais de uma chance (se o problema não for extremamente grave) quando comete algum deslize ético, o freelancer em geral não terá nenhuma colher de chá.

Devido ao fato de trabalhar longe da reação do cliente, o freelancer torna-se uma caixa-preta. O cliente não sabe como ele trabalha, exceto pelo resultado final do trabalho e pelo conhecimento adquirido com o tempo e a convivência. Se o cliente descobrir um plágio no texto ou uma fonte que não existe... Tchau!

Se não puder executar um trabalho cumprindo todos os parâmetros éticos, não aceite, não faça. Isso também é uma decisão de foro íntimo. As vantagens comerciais não podem superar a ética.

Existiu o caso de um jornalista de uma agência de freelancers que circulava nas principais coletivas à imprensa de São Paulo. Ele cobria o evento e ligava para diversos veículos para vender a pauta. Se algum se interessasse, ele contatava a fonte da empresa que promoveu a coletiva para vender uma matéria àquele veículo que aceitou publicá-la. O jornalista ganhava do veículo e ainda *achacava* um dinheiro do entrevistado pelo seu "esforço" em publicar a matéria.

Depois de algumas abordagens até bem-sucedidas, esse profissional – não sei se é possível denominá-lo assim – foi proibido de participar de várias coletivas. Um grupo de assessores de imprensa percebeu a jogada antiética.

Outro exemplo é o freelancer que também atua como assessor de imprensa e vende a pauta do seu cliente a um veículo. Faz contato com ele e negocia a pauta sem dizer que ganha para ser assessor de imprensa da fonte. Mascara o release como pauta free.

O jornalista defende a informação ou o interesse financeiro? Como trabalhar nessa questão prestando serviços de assessoria de imprensa?

Alberto Dines (1986, p. 157) também lembra que em qualquer lugar do mundo

> o único compromisso de jornais e jornalistas é com a informação. Seu empenho nesta tarefa faz de um jornal qualquer um jornal livre, logo um grande jornal. Uma nação de grandes jornais é uma grande nação. Sem este valor intrínseco, sem este quilate que advém de um entendimento superior das suas funções, um jornal, por melhor que seja organizado e construído, será apenas um catálogo de notícias.

Na área de assessoria, o jornalista atua como um intermediário entre a fonte de informação e a sociedade. Sua responsabilidade é duplicada, pois tem acesso a informações privilegiadas e sigilosas e pode julgar, em sua consciência, o que é interesse público e o que significa interesse privado.

CONCLUSÃO

Este é o fim ou o começo?

Estamos em plena fase de transição econômica, criada pelas novas tecnologias e pela globalização. Alguns fatores conjunturais, como a informatização, são inevitáveis, e pouco podemos fazer senão nos adaptarmos a eles. Outros, como a globalização, estão sendo rediscutidos, porque seus efeitos não trouxeram o prometido – "Vamos crescer o bolo primeiro para depois dividi-lo". A terceirização, como efeito secundário dos avanços da tecnologia e da globalização, também está em xeque, pois em alguns segmentos trouxe uma falsa sensação de economia com queda na qualidade.

Passamos por "tempos loucos", conforme definiu o guru empresarial Tom Peters. As empresas ainda buscam um modelo de gestão adequado para sobreviver nesta nova era econômica. Do ponto de vista dos trabalhadores, resta a opção de enfrentar o competitivo mercado (formal) de trabalho ou partir (por opção ou jogado pelas circunstâncias) ao não menos competitivo mercado empreendedor. Neste último caso, recomenda Tom Peters, "cabe a você criar sua própria empresa. Cabe a você tomar a iniciativa, começar projetos, buscar clientes, formar sua própria rede de trabalho".

Uma empresa é constituída pela soma de projetos de serviços executados por profissionais como você. A carreira individual (dentro ou fora de uma organização) também é uma sucessão de projetos.

> As carreiras não precisam ser "caminhos" governados, de alguma forma, de cima, por uma organização onde esperamos passar a vida toda. Cada vez mais as pessoas sensatas estão vendo o mundo como um tabuleiro de jogo, no qual disputam um jogo baseado em projetos, chamado "minha carreira". As companhias mais ponderadas estão sendo mais que condescendentes. Elas acham que a carreira do tabuleiro cria uma vantagem para elas e para o indivíduo também. Elas prefeririam ter indivíduos cheios de energia atuando (no melhor sentido) em seu campo durante dois ou três anos (com o entusiasmo de ambas as partes), do que tê-los durante 25 anos, cheios de monotonia.[17]

Em qualquer situação em que você, jornalista, esteja hoje, é importante conhecer o mercado autônomo. Se você não é freelancer hoje, pode ser a médio ou curto prazo. Se já trabalha no setor empreendedor, deve ficar cada vez mais antenado com o que acontece no mercado. Não há como retroceder à época da máquina de escrever e do pleno emprego.

A terceirização e o teletrabalho surgem como forte tendência, em todos os ramos econômicos. Outro guru empresarial, Peter Drucker, já falava nisso na entrada dos anos 1990:

> As empresas de amanhã [hoje] seguirão duas novas regras. Primeira: levar o trabalho até onde as pessoas estão, ao invés de levá-las até onde está o trabalho. Segunda: transferir a terceiros as atividades que não ofereçam oportunidades de progresso até posições gerenciais.[18]

Drucker não estava defendendo o *home office*. Dizia naquela época que, ao contrário do que os futuristas previam há 25 anos, a tendência não é de indivíduos trabalhando em suas casas. "As pessoas preferem trabalhar onde estão outras pessoas." São os funcionários administrativos que necessitariam ser terceirizados. Esse detalhe no pensamento do consultor é esquecido no discur-

---

17 Tom Peters, *Rompendo as barreiras da administração* (1992, p. 249).
18 Peter Drucker, *Administrando para o futuro* (1992, p. 3).

so dos arautos da terceirização, que até o citam para justificar a subcontratação desenfreada – inclusive no setor jornalístico.

Mais que um problema, o modelo terceirizado é uma oportunidade de negócios para o freelancer. Esse modelo não está pronto ainda. Mas quem saiu na frente e deu a cara para bater – e sobreviveu – tem grandes possibilidades de se firmar com o pioneirismo. Muitos virão depois, tenha certeza disso. Semelhante ao que aconteceu no mercado de assessoria de imprensa. Nos anos 1980 contavam-se nos dedos as empresas de comunicação, e quase todas eram pequenos escritórios. Era relativamente fácil um jornalista abandonar a redação e ter sucesso como assessor de imprensa. Hoje, deparamo-nos com um ambiente altamente competitivo. Quem saiu na frente nesse setor e se deu bem possui hoje grandes escritórios e as melhores contas. A globalização afetou o mercado de assessorias. Grandes empresas, multinacionais, são atendidas no Brasil pelos seus parceiros da rede de comunicação globalizada. Aqueles que tentam hoje abrir pequenas empresas de comunicação já enfrentam uma situação mais adversa.

A atividade frila, de reportagem, é um pouco diferente da assessoria de imprensa. Ambas possuem capacitações e necessidades diferentes. O freelancer é um trabalho mais autoral, conforme dissemos. A qualidade do serviço depende sempre da qualidade técnica do empreendedor.

O futuro de sua carreira abre duas portas: prosseguir como atividade independente, liberal, ou transformar-se em uma agência de notícias, agência de conteúdo, agência de comunicação etc. E talvez uma terceira: diversificar seu trabalho com outros segmentos.

Independentemente do futuro a ser definido como atividade individual, assessoria de imprensa, agência ou consultoria de comunicação, o jornalista que opta pelo trabalho próprio é um empreendedor.

Como empreendedor, deve desenvolver duas habilidades básicas: automotivação e inovação. Se não tiver visão de futuro e pés no chão, entrará na estatística dos pequenos negócios que fecham em menos de cinco anos. É preciso sempre estar motivado para entender os altos e baixos do mercado e saber aceitar uma queda como um fluxo natural no processo ou uma perda de foco. A inovação sistemática requer disposição para ver a mudança como uma oportunidade, conforme Peter Drucker (1992, p. 226):

> As inovações não criam mudanças. Isso é raro. Se bem-sucedidas, elas podem fazer uma grande diferença, mas a maioria das inovações que visam mudar a sociedade, o mercado ou o cliente, fracassa. As inovações que têm sucesso o fazem explorando as mudanças, não tentando forçá-las.

O jornalismo freelance ou empreendedor em si não traz inovação, não é novidade, pois já é explorado há algum tempo. A inovação é a forma como será executado. O mercado está mudando e esse movimento deve ser observado. A inovação é o próprio mercado, em plena mutação.

Voltando a Drucker: em *Inovação e espírito empreendedor (entrepreneurship)* (1987, p. 378), o autor escreveu que "inovação sistemática consiste na busca, intencional e organizada, de mudanças, e na análise sistemática das oportunidades que tais mudanças poderiam oferecer para inovações econômicas ou sociais". As sete fontes de mudanças que devem ser observadas são as listadas a seguir. Primeiro as quatro principais: o **sucesso ou fracasso inesperado**; a **incongruência** (discrepância entre a realidade como ela é e como supostamente é); a **inovação baseada em necessidades do processo**; e **mudanças nas estruturas** das empresas ou do mercado, que apanham as pessoas de surpresa (a rápida terceirização ou informatização, por exemplo). As outras três fontes envolvem mudança fora das instituições, isto é, demográficas; mudança de gostos, percepções e significados; e novos conhecimentos, científicos ou não.

Está acontecendo uma revolução no modelo empresarial do jornalismo. Grandes jornais, revistas e TVs estão trocando a visão da comunicação, da notícia como bem público e informação, pela prioridade meramente administrativa, de contenção de custos e preferência pelo entretenimento e pelas notícias sem profundidade. Essa mudança afetou a qualidade do produto jornalístico. Hoje, enquanto esse modelo antropofágico avança, cresce o debate dentro e fora das organizações a respeito de ser esse o modelo correto ou não.

O conhecimento administrativo de adequação da visão da empresa ao lucro × custos traz benefícios à saúde do negócio. O conhecimento jornalístico, o entendimento das necessidades de informação da sociedade e a necessidade de explicar o mundo e as diversas correntes do pensamento econômico, social e político também são essenciais. Observamos que os grandes conglomerados jornalísticos mais rentáveis são os que oferecem os piores produtos em termos de conteúdo relevante. E, ao contrário, empresas que se mantêm fiéis à informação de valor e de qualidade estão enfrentando problemas econômicos. É o paradoxo de nossos tempos.

Como fica o jornalista, pessoa física ou jurídica, nesse processo? Não existem respostas prontas. O conselho é ficar atento e não ser pego de surpresa. Entender o movimento conjuntural, o jogo econômico e político por trás das macro e microdecisões que afetam nosso ambiente.

O jornalismo é antes de tudo uma atividade fascinante, estimulante e relevante. Não importa o modelo de negócio a que é conduzido. De nossa parte, devemos ser fiéis aos nossos ideais e contribuir para o debate e para a prática de mercado com o exemplo de nossa conduta ética, qualidade do trabalho e visão de mundo. Isso é permanente. O resto passa. É conjuntural.

As duas forças que movem o universo são o tempo e a sorte.[19] Você tem uma profissão, uma carreira, um conhecimento técnico que cresce a cada dia. O tempo é limitado. Não tenha medo de inovar, de errar, de perder. O que move a economia de mercado é o fracasso, não os erros. Aprendemos com os erros. Com aqueles 50% de transpiração, 20% conhecimento técnico, 20% de bons contatos e 10% de sorte, você chega lá!

---

19 Kurt Vonnegut, Hocus Pocus, citado em Tom Peters, *Rompendo as barreiras da administração* (1992).

ANEXOS

CONTRATO DE LICENÇA DE REPRODUÇÃO DE OBRA E RECIBO DE PAGAMENTO DE DIREITOS AUTORAIS (*)

Contrato nº_____

LICENCIANTE: _____

Crédito (nome autoral a figurar junto à obra): _____

_____

Reg. Profissional (MTb):_____ RG: _____ CPF: _____

Endereço:_____ Nº: _____ CEP: _____

E-mail: _____ Tel./fax:_____Cel.:_____

LICENCIADO: _____

CNPJ/CPF:_____ Inscr. Estadual:_____

Endereço: _____ CEP: _____

E-mail: _____ _____ Tel./fax: _____

neste ato representado(a) por _____ cargo _____

a seguir denominado(a) apenas Licenciado.

Obra objeto da presente licença

Descrição da obra encomendada (no caso do envio por e-mail, este campo pode ser utilizado para colar o texto, a ilustração ou a foto): _____

_____

Valor da licença

Valor da licença: _____ , R$ _____

Valor orçado mais Imposto de Renda incidente:_____

R$ _____

Condições de licenciamento da obra

Total de originais entregues:_____

É objeto desta licença a obra de criação intelectual do jornalista autor Licenciante, o que em hipótese alguma pode ser confundido com mera prestação de serviço. A Lei nº 9.610 /98 define qualquer obra intelectual com bem

material, caracterizando-se, assim, a presente transação como um NEGÓCIO
JURÍDICO DE LICENCIAMENTO DE DIREITOS AUTORAIS.

O autor Licenciante da obra acima discriminada é o único e exclusivo titular dos seus direitos patrimoniais e morais e, nessa condição, autoriza o Licenciado a reproduzi-la conforme as condições aqui especificadas e previstas na Lei, a saber:

1 – Esta licença abrange uma única utilização, conforme discriminação a seguir:

_____

_____

2 – A reutilização de cópia do original publicada e arquivada ou qualquer outra utilização do objeto desta licença só poderá ocorrer mediante assinatura de novo Contrato de Licença, com o conseqüente pagamento de novos direitos ao autor;

3 – OS _____ (_____) ORIGINAIS acima discriminados foram entregues ao Licenciado em perfeitas condições de uso, em consignação, para seleção, devendo ser devolvidos ao Licenciante nas mesmas condições;

4 – A(s) obra(s) deverá(ão) ser publicada(s) no prazo máximo definido por Lei, contado a partir da data da quitação desta licença, sob pena de devolução dos originais e sem prejuízo dos valores pagos ao autor da obra;

5 – Esta licença só será válida após a respectiva quitação. O pagamento será feito à vista, no ato da assinatura desta licença, ou em até _____ dias após a data da emissão desta licença;

6 – O desrespeito a qualquer cláusula deste contrato implicará multa de quinze vezes o valor desta licença;

7 – Por estar justo e contratado, fica eleita a Comarca de _____ , Distrito Central, como foro para o julgamento de qualquer pendência judicial resultante deste ato.

Local e Data: _____ , ___ de _____ de 200 ___

Licenciante _____

Licenciado _____

RECEBI O VALOR TOTAL DA LICENÇA DE REPRODUÇÃO DE OBRA, acima discriminado, em cheque de nº _____ , Banco _____, ou em depósito na conta do Licenciante,

Banco _____ , Ag. ___, CC _____, Depósito nº _____, em _____ de _____ de 200 ___

Ass.: _____

Local e Data: _____ , _____ de _____ de 200 ___

(*) *Modelo de contrato sugerido pela Associação Brasileira para Proteção da Propriedade Intelectual dos Jornalistas (Apijor), habilitada por lei para fiscalizar o aproveitamento econômico das obras criadas por jornalistas.*

CONTRATO DE SOLICITAÇÃO DE OBRA JORNALÍSTICA (*)

Contrato nº _____

Nome completo do autor:

_____

Nome autoral a figurar junto à obra (crédito):

_____

Registro Profissional (MTb): _____ RG: _____
CPF: _____
Endereço: _____ CEP: _____ Estado: ____
Tels.: _____ E-mail: _____
Cliente Encomendante: _____
Representado por: _____
Endereço: _____
_____ CEP: _____
CNPJ: _____ E-mail: _____

Objeto da encomenda

Assunto da obra jornalística:

_____

_____

Especificação e finalidade da obra

Os textos, fotografias, ilustrações, editorações e diagramações criadas conforme essa encomenda serão usadas e/ou destinadas para: (Reportagens – Editorial ou Institucional –, Publicidade, Divulgação, Embalagens, Capas em geral, *Banners*, Postais, *Outdoors*, *Merchandising*, Sites, Portais etc.):

_____

_____

Preço e condições de pagamento

Valor da Obra: _____; R$ _____
Valor mais Imposto de Renda incidente: _____;

R$ _____

Forma de pagamento:_____

Obs.: As despesas suplementares (transporte, hospedagem, alimentação etc.) correrão por conta do cliente encomendante. Desde que o jornalista abaixo indicado assine esta solicitação de encomenda, fica autorizada a realização do trabalho mencionado, sendo certo que para a utilização pública e econômica da obra será indispensável a assinatura do contrato específico de Licença de Reprodução de Obra.

_____ , _____ de _____ de_____

_____   _____
Contratante   Contratado

(*) *Modelo de contrato sugerido pela Associação Brasileira para Proteção da Propriedade Intelectual dos Jornalistas (Apijor), habilitada por lei para fiscalizar o aproveitamento econômico das obras criadas por jornalistas.*

Bibliografia

JORNALISMO/COMUNICAÇÃO

CAPOTE, Truman. *A sangue frio*. São Paulo: Abril Cultural, 1980.

CORNU, Daniel. *Ética da informação*. Bauru: Edusc, 1998.

CURADO, Olga. *A notícia na TV*. São Paulo: Alegro, 2002.

DANTAS, Audálio. *Repórteres*. São Paulo: Senac, 1997.

DINES. Alberto. *O papel do jornal*. São Paulo: Summus, 1986.

FAERMAN, Marcos. *Com as mãos sujas de sangue*. São Paulo: Global, 1979.

FERRARI, Maria Helena; SODRÉ, Muniz. *Técnica de reportagem*. São Paulo: Summus, 1986.

FERRARI, Pollyana. *Jornalismo digital*. São Paulo: Contexto, 2003.

FUSER, Igor (org.). *A arte da reportagem*. São Paulo: Scritta, 1992.

GONÇALVES, Adelto. *Os vira-latas da madrugada*. Rio de Janeiro: José Olympio, 1981.

KOTSCHO, Ricardo. *A arte da reportagem*. São Paulo: Ática, 1995.

MARCOS, Plínio. *Querô – Uma reportagem maldita*. Edição do autor, 1976.

MATTELART, Armand. *A globalização da comunicação*. Bauru: Edusc, 2002.

MEDINA, Cremilda. *A arte de tecer o presente: narrativa e cotidiano*. São Paulo: Summus, 2003.

_____. *Notícia, um produto à venda*. São Paulo: Summus, 1998.

MERCADANTE, Luiz Fernando. *20 perfis e uma entrevista*. São Paulo: Siciliano, 1994.

NOBLAT, Ricardo. *A arte de fazer um jornal diário*. São Paulo: Contexto, 2003.

PARADA, Marcelo. *Rádio: 24 horas de jornalismo*. São Paulo: Panda Books, 2000.

RIBEIRO. Octávio. *Barra pesada*. São Paulo: Círculo do Livro, 1986.

SCALZO, Marilia. *Jornalismo de revista*. São Paulo: Contexto, 2003.

TRAVANCAS, Isabel. *O mundo dos jornalistas*. São Paulo: Summus, 1992.

WALLACE, Irving. *O cavalheiro de domingo*. São Paulo: Círculo do Livro, 1984.

20 textos que fizeram história. São Paulo: Folha de S.Paulo, 1992.

TRABALHO AUTÔNOMO

GOLZEN, Godfrey. *Freelance: o desafio do trabalho autônomo*. São Paulo: Makron Books, 1991.

MELLO, Álvaro. *Teletrabalho: trabalho em qualquer lugar e a qualquer hora*. Rio de Janeiro: Qualitymark, 2000.

PARREIRA, Francisco. *Consultoria*. São Paulo: Érica, 1997.

RIES, Al; TROUT, Jack. *Posicionamento – A batalha pela sua mente*. São Paulo: Thomson Learning, 2003.

SAVIOLI, Nelson. *Carreira: manual do proprietário*. Rio de Janeiro: Qualitymark, 1991.

WEINBERG, Gerald. *Consultoria: o segredo do sucesso*. São Paulo: McGraw-Hill, 1990.

GLOBALIZAÇÃO/TERCEIRIZAÇÃO

BRIDGES, William. *Um mundo sem empregos*. São Paulo: Makron Books, 1995.

COLLI, Juliana. *A trama da terceirização*. Campinas: Editora da Unicamp, 2000.

RIFKIN, Jeremy. *O fim dos empregos*. São Paulo: Makron Books, 1996.

SANTOS, Milton. *Por uma outra globalização*. Rio de Janeiro: Record, 2000.

EMPREENDEDORISMO

BERNARDI, Luiz A. *Manual de empreendedorismo e gestão*. São Paulo: Atlas, 2002.

CHIAVENATO. *Dando asas ao espírito empreendedor*. São Paulo: Saraiva, 2004.

DOLABELA, Fernando. *A vez do sonho*. São Paulo: Editora de Cultura, 2000.

_____. *Empreendedorismo – A viagem do sonho*. Brasília: AED, 2004a.

_____. *Empreendedorismo – Uma forma de ser*. Brasília: AED, 2004b.

_____. *O segredo de Luísa*. São Paulo: Editora de Cultura, 1993.

DORNELAS, José Carlos Assis. *Empreendedorismo – Transformando Idéias em Negócios*. Rio de Janeiro: Campus, 2005.

_____. *Empreendedorismo e estratégia. Harvard Business Review Book*. Rio de Janeiro: Campus, 2002.

DRUCKER, Peter. *Innovation and entrepreneurship*. Nova York: Collins, 1985.

_____. *Inovação e espírito empreendedor (entrepreneurship) – Prática e princípios*. São Paulo: Thomson Pioneira, 1987.

HISRICH, Robert; PETERS, Michael. *Empreendedorismo*. Porto Alegre: Bookman, 2004.

LEITE, Emanuel. *O fenômeno do empreendedorismo*. Recife: Edições Bagaço, 2000.

LODISH, Leonard. *Empreendedorismo e marketing*. Rio de Janeiro: Campus, 2002.

MIRSHAWKA. Victor. *Empreender é a solução*. São Paulo: DVS, 2004.

SAMPAIO, Getúlio Pinto de. *Teoria do sucesso – Empreendedorismo e felicidade*. São Paulo: Nobel.

SEBRAE. *Como identificar oportunidades e criar seu próprio negócio*. Série Empreendedor. 2001.

TIMMONS, Jeffrey. *New venture creation*. 7. ed. Nova York: McGraw-Hill, 2006.

MARKETING/ADMINISTRAÇÃO

COBRA, Marcos. *Administração de marketing*. São Paulo: Atlas, 1990.

_____. *Marketing de serviços – Conceitos e estratégias*. São Paulo: McGraw-Hill, 1987.

DRUCKER. Peter. *Administrando para o futuro*. 3. ed. São Paulo: Pioneira, 1992.

GREENBERG, Herb; WEINSTEIN, Harold; SWEENEY, Patrick. *As 6 qualidades do supervendedor*. Rio de Janeiro: Campus, 2002.

GRÖNROOS, Christian. *Marketing – Gerenciamento e serviços*. Rio de Janeiro: Campus, 1995.

JOHNSON, Spencer. *Quem mexeu no meu queijo?* Rio de Janeiro: Record, 2000.

LINNEMAN, Robert; STANTON, John. *Marketing de nichos*. São Paulo: Makron Books, 1993.

PETERS, Tom. *Rompendo as barreiras da administração*. São Paulo: Harbra Business, 1992.

RIES, Al; TROUT, Jack Trout. *Posicionamento – A batalha pela sua mente*. São Paulo: Thomson Learning, 2003.

MANUAIS

MANUAL DE ESTILO. São Paulo: São Paulo: Abril, 1990.

MANUAL DE REDAÇÃO. São Paulo: Folha de S.Paulo, 1987.

MANUAL DE REDAÇÃO E ESTILO. São Paulo: O Estado de S. Paulo, 1990.

PATERNOSTRO, Vera Íris. *Texto na TV: manual de telejornalismo*. Rio de Janeiro: Campus, 1999.

INTERNET

Agência Publisher de Notícias
www.agenciapublisher.com

Alexandre Ribas
www.alexandreribas.com.br

Associação Brasileira das Agências de Comunicação – Abracom
www.abracom.org.br

Associação Brasileira de Comunicação Empresarial – Aberje
www.aberje.com.br

Associação Brasileira para Proteção da Propriedade Intelectual
dos Jornalistas (Apijor)
www.autor.org.br

Comunique-se
www.comunique-se.com.br

Empreende
www.empreende.com.br

Endeavor
www.endeavor.org.br

Federação Nacional dos Jornalistas (Fenaj) (links para os sindicatos estaduais)
www.fenaj.org.br

Fernando Dolabela
www.dolabela.com.br

Free Lance International Press (FLIP) (Brasil)
www.flipnews.org/brasile/home-po.htm

Fundação Getulio Vargas (FGV)
www.fgv.br

Instituto de Estudos Avançados (IEA)
www.iea.com.br

José Dornelas
www.josedornelas.com.br

Maxpress
www.maxpressnet.com.br

Portal do Marketing
www.portaldomarketing.com.br

Sebrae
www.sebrae.org.br

Sindicato Nacional das Empresas de Comunicação Social
(Sinco)
www.sincosindicato.com.br

Starta
www.starta.com.br

Tom Coelho
www.tomcoelho.com.br

Universidade de Brasília – UnB
www.unb.br

CONTATO COM O AUTOR
jmrainho@agenciapublisher.com

------ dobre aqui ------

CARTA-RESPOSTA
NÃO É NECESSÁRIO SELAR

O SELO SERÁ PAGO POR

AC AVENIDA DUQUE DE CAXIAS
01214-999 São Paulo/SP

------ dobre aqui ------

**summus
editorial**

CADASTRO PARA MALA-DIRETA

**Recorte ou reproduza esta ficha de cadastro, envie completamente preenchida por correio ou fax,
e receba informações atualizadas sobre nossos livros.**

Nome: _____ Empresa: _____

Endereço: ☐ Res. ☐ Coml. _____ Bairro: _____

CEP: _____ - _____ Cidade: _____ Estado: _____ Tel.: ( ) _____

Fax: ( ) _____ E-mail: _____ Data de nascimento: _____

Profissão: _____ Professor? ☐ Sim ☐ Não Disciplina: _____

1. Você compra livros:

☐ Livrarias   ☐ Feiras
☐ Telefone   ☐ Correios
☐ Internet   ☐ Outros. Especificar: _____

2. Onde você comprou este livro?

_____

3. Você busca informações para adquirir livros:

☐ Jornais   ☐ Amigos
☐ Revistas   ☐ Internet
☐ Professores   ☐ Outros. Especificar: _____

4. Áreas de interesse:

☐ Educação   ☐ Administração, RH
☐ Psicologia   ☐ Comunicação
☐ Corpo, Movimento, Saúde   ☐ Literatura, Poesia, Ensaios
☐ Comportamento   ☐ Viagens, Hobby, Lazer
☐ PNL (Programação Neurolongüística)

5. Nestas áreas, alguma sugestão para novos títulos?

_____

6. Gostaria de receber o catálogo da editora? ☐ Sim ☐ Não

7. Gostaria de receber Informativo Summus? ☐ Sim ☐ Não

cole aqui

Indique um amigo que gostaria de receber a nossa mala-direta

Nome: _____ Empresa: _____

Endereço: ☐ Res. ☐ Coml. _____ Bairro: _____

CEP: _____ - _____ Cidade: _____ Estado: _____ Tel.: ( ) _____

Fax: ( ) _____ E-mail: _____ Data de nascimento: _____

Profissão: _____ Professor? ☐ Sim ☐ Não Disciplina: _____

Summus Editorial
Rua Itapicuru, 613 7º andar 05006-000 São Paulo - SP Brasil Tel.: (11) 3872-3322 Fax: (11) 3872-7476
Internet: http://www.summus.com.br   e-mail: summus@summus.com.br